体育文化与健康教育探究

于　巧◎著

中国商业出版社

图书在版编目(CIP)数据

体育文化与健康教育探究 / 于巧著. -- 北京 : 中国商业出版社, 2025. 6. -- ISBN 978-7-5208-3491-9

Ⅰ. G812; R193

中国国家版本馆 CIP 数据核字第 20256PF755号

责任编辑: 朱丽丽

中国商业出版社出版发行

(www. zgsycb. com　100053　北京广安门内报国寺 1 号)

总编室:010-63180647　编辑室:010-63033100

发行部:010-83120835/8286

新华书店经销

山东顺心文化发展有限公司印刷

*

787 毫米×1092 毫米　16 开　13. 25 印张　244 千字

2025 年 6 月第 1 版　2025 年 6 月第 1 次印刷

定价: 68. 00 元

* * * *

(如有印装质量问题可更换)

前　言

在社会快速发展的今天，人们对健康的关注度与日俱增，健康不仅是个人幸福生活的基石，更是社会持续进步的重要保障。体育文化与健康教育作为提高全民健康素养的关键要素，对推动个人全面发展、营造健康和谐的社会环境发挥着不可替代的作用。

体育文化源远流长，从古代奥林匹克运动会的兴起，到现代体育赛事在全球的蓬勃开展，体育早已超越了单纯的竞技范畴，演变成一种独特的文化形态。体育文化承载着不同民族的精神风貌、价值观念与生活方式，在历史的长河中不断传承与创新。无论是东方注重身心和谐的传统体育项目，如太极拳、八段锦，还是西方强调竞争与挑战的现代体育项目，都体现了人类对健康、力量与美的不懈追求。

健康教育以提高人们的健康意识、培养健康行为为目标，运用多种科学的教育方法，引导个体和群体掌握健康知识，树立正确的健康观念。在高校、社区、企业等不同场所，健康教育的开展为人们提供了获取健康信息的渠道，帮助人们预防疾病，提高生活质量。

体育文化与健康教育紧密相连，体育活动是健康教育的生动载体，通过参与体育运动，人们能够亲身感受体育文化的魅力，同时获得身心的锻炼，增进健康。而健康教育则为体育文化的传播与发展提供了理论支持，引导人们科学、合理地参与体育活动。

但是，在体育文化与健康教育的融合发展过程中，人们仍面临诸多挑战。管理体制的条块分割，导致体育与健康资源难以有效整合；部分人对体育文化的认知存在偏差，过于注重技能训练，忽视了其丰富的文化内涵；城乡之间体育与健康资源的错配，进一步加剧了健康领域的不平等。

基于此，本书围绕体育文化与健康教育展开深入探究，旨在梳理体育文化的历史脉络，剖析其多维价值，阐述健康教育的理论与实践，并通过丰富的案例分析，探索两者相互促进、融合发展的有效路径。本书既为高校体育教育和健康教育工作者提供了理论参考和实践指导，也能帮助社区、企业管理者更好地开展体育文化建设与健康教育活动，提高不同群体的健康水平。同时，希望借此引发社会各界对体育文化与健康教育的深入思考，共同推动健康中国战略的实施，让体育文化与健康教育的成果惠及每一个人。

目　录

第一章　体育文化的历史演进与当代特征

第一节　体育文化的起源与演变

一、古代体育文化的萌芽

（一）原始社会的体育雏形

在遥远的原始社会，人类的生活充满了与自然的斗争和对生存的渴望。在这样的背景下，体育活动的雏形悄然诞生。这些活动不仅满足了人类的基本生存需求，也逐渐孕育出了独特的体育精神。

1. 体育活动的起源与生存需求

（1）狩猎、采集活动中的体育元素

在原始社会，狩猎和采集是人类获取食物的主要方式。这些活动不仅要求人们具备出色的体能和技巧，还促使一系列体育元素的诞生。例如，奔跑、跳跃、投掷等动作在狩猎过程中至关重要，它们不仅帮助了人们追踪和捕获猎物，还锻炼了人们的身体。这些动作逐渐演化成了远古时代的体育活动，如追逐、跳跃、投射等。

在狩猎过程中，人们需要选择有利的地形，挖筑狩猎隐蔽所，使用各种工具和手段，如弓、矢、犬、马、罗网、陷阱等。这些活动不仅锻炼了人们的身体素质，还提高了他们的智力水平。例如，为了射得准，人们需要无数次地练习张弓放箭；为了使马车在崎岖小道上追猎，人们需要苦练驾车技术。这些技能的积累和提高，为后来的体育活动打下了坚实的基础。

此外，采集活动也促进了体育的发展。在采集过程中，人们需要攀爬树木、穿越丛林，不仅锻炼了他们的身体，而且孕育出了一些攀爬、跳跃类的体育活动。

（2）原始部落间的竞技与娱乐

随着原始社会的发展，部落间的交流和竞技活动也逐渐增多。这些竞技活动不仅满足了人们的娱乐需求，还促进了部落间的团结和协作。例如，一些部落会举行投掷比赛，看谁能将石球或标枪投得更远；还有一些部落会举行角力比赛，看谁能将对手摔倒。这些竞技活动不仅锻炼了人们的身体，还增强了他们的竞技意识和团队精神。

原始社会的娱乐活动也充满了体育元素。例如，一些部落会举行舞蹈表演，通过舞蹈来庆祝丰收或祈福。这些舞蹈动作往往包含跳跃、旋转等体育元素，不仅锻炼了人们的身体协调性，还丰富了他们的文化生活。

2. 体育精神的初步形成

（1）团结协作与竞技精神的萌芽

在原始社会的狩猎和采集活动中，团结协作是至关重要的。人们需要共同协作来追踪和捕获猎物，或者共同采集果实和根茎。这些活动不仅锻炼了人们的身体，还培养了他们的团结协作精神。例如，在狩猎过程中，有人负责追踪猎物，有人负责设陷阱，还有人负责驱赶猎物。这些分工合作不仅提高了狩猎效率，还增强了人们之间的信任和友谊。

同时，竞技活动也促进了竞技精神的萌芽。在部落间的竞技比赛中，人们需要展现出自己的实力和技巧，以赢得比赛和荣誉。这种竞技精神不仅激发了人们的斗志和勇气，还促进了部落间的交流和友谊。例如，在一些角力比赛中，参赛者需要全力以赴地将对手摔倒，以展示自己的实力和勇气。这种竞技精神在后来的体育活动中得到了进一步的发扬和传承。

（2）体育活动在原始社会中的地位与作用

在原始社会，体育活动不仅是人们锻炼身体和娱乐的方式，还具有重要的社会地位和作用。首先，体育活动是人们获取食物和生存的重要手段之一。通过狩猎和采集活动中的体育锻炼，人们提高了自己的身体素质和生存能力，为部落的繁荣和发展做出了贡献。其次，体育活动在原始社会的宗教和仪式中扮演着重要角色。例如，在一些部落的祭祀活动中，人们会举行舞蹈表演或竞技比赛来向神灵祈福或庆祝丰收。这些活动不仅丰富了人们的文化生活，还增强了部落的凝聚力和向心力。

此外，体育活动在原始社会的教育和传承中也发挥着重要作用。通过向年青一代传授狩猎、采集和竞技技能，人们不仅传递了生存智慧和文化传统，还培养了身体素质和竞技精神。这些教育和传承为后来的体育活动打下了坚实的基础，并促进了体育文化的不断发展和繁荣。

（二）古代文明中的体育元素

在古代文明中，体育元素以其独特的形式和内涵，融入了人们的日常生活、宗教仪式和社会活动之中。从古代埃及、巴比伦到古希腊与罗马，这些文明不仅孕育了丰富多彩的体育活动，还推动了体育规则的初步形成和发展。

1. 古代埃及、巴比伦等文明的体育活动

（1）宗教仪式中的体育竞技

在古代埃及和巴比伦等文明中，宗教仪式是体育活动的重要载体。这些仪式不仅是对神灵的崇拜和祈求，也是人们展示体能、技巧和团队协作精神的舞台。

在古代埃及，宗教仪式中的体育竞技往往与法老的权力和神性紧密相连。例如，法老会亲自参与划船、射箭等比赛，以展示自己的力量和技艺。这些比赛不仅是对法老权威的彰显，也是对神灵敬意的表达。同时，古代埃及的宗教仪式中还包含舞蹈和杂技表演，这些活动同样具有体育竞技的元素，要求表演者具备出色的身体协调性和灵活性。

在巴比伦，宗教仪式中的体育竞技则更多地与赛跑和摔跤等活动相关。这些比赛往往是在祭祀太阳神等神灵的仪式中举行的，胜利者将获得崇高的荣誉和地位。这些竞技活动不仅锻炼了人们的身体，还增强了部落或城邦的凝聚力和向心力。

（2）古代运动会与体育规则的初步形成

古代埃及和巴比伦等文明还孕育了早期的运动会。这些运动会不仅是对体育竞技的展示，也是对体育规则的初步探索。

在埃及，法老和贵族们常常在宫殿或神庙附近建造运动场，举行各种体育比赛。这些比赛包括划船、射箭、摔跤、舞蹈和杂技等，既有个人项目也有团体项目。这些运动会的举办不仅丰富了人们的文化生活，还促进了体育规则的初步形成。例如，在划船比赛中，参赛者需要遵守规定的航道和比赛时间；在射箭比赛中，箭矢射中目标才能获得分数。

在巴比伦，运动会则更多地与赛跑和摔跤等活动相关。这些比赛往往有明确的比赛规则和裁判制度，以确保比赛的公平和公正。同时，巴比伦的运动会还注重团队协作和集体荣誉，强调个人在团队中的作用和价值。

2. 古希腊与罗马的体育文化

（1）奥林匹克运动会的起源与发展

古希腊的奥林匹克运动会堪称古代体育文化的巅峰之作。这一运动会的起源可以追溯到古希腊人对神灵的崇拜和祭祀活动。最初，奥林匹克运动会是为了向希腊诸神（主要是宙斯）献祭而设立的宗教节日。然而，随着时间的推移，它逐渐发展成为一项备受瞩目的国际体育盛事。

奥林匹克运动会的举办地点位于希腊的奥林匹亚，这里建有宏伟的神庙和运动场。每四年一届的运动会吸引了来自希腊各地的运动员和观众。他们在这里展示体能、技巧和团队协作精神，争夺荣誉和奖励。

奥林匹克运动会的项目涵盖了田径、摔跤、拳击、赛马和赛车等多个领域。这些项目既有个人项目也有团体项目，既考验了运动员的身体素质，也考验了他们的战术智慧和团队协作能力。同时，奥林匹克运动会还注重公平竞赛和体育精神的培养。参赛者需要遵守严格的比赛规则和裁判制度，以确保比赛的公正和公平。

随着奥林匹克运动会的不断发展，它逐渐成为古希腊文化的重要组成部分。这一运动会不仅展示了古希腊人的体育才能和竞技精神，还促进了希腊各城邦之间的交流和团结。同时，奥林匹克运动会也为后来的现代奥运会提供了重要的历史借鉴和启示。

（2）罗马竞技场的体育竞技与娱乐

与古希腊相比，古罗马的体育文化则更多地体现在竞技场的体育竞技与娱乐活动中。罗马竞技场是古罗马时期最重要的娱乐场所之一，这里经常举行各种规模的角斗士比赛、野兽角斗和其他表演活动。

角斗士比赛是罗马竞技场中最受欢迎的竞技活动之一。这些比赛往往以生死决斗的形式进行，参赛者需要展现出自己的勇气、力量和技巧来赢得观众的欢呼和掌声。同时，角斗士比赛也是罗马上层社会之间展示权力和财富的舞台。

贵族和富人们常常通过赞助角斗士比赛来彰显自己的地位和影响力。

除了角斗士比赛外，罗马竞技场还举行野兽角斗和其他表演活动。这些活动包括狮子、老虎等猛兽与角斗士或彼此之间的战斗，以及各种杂技、舞蹈和音乐表演。这些活动不仅满足了罗马人的娱乐需求，还展示了罗马社会的奢华和繁荣。

然而，值得注意的是，罗马竞技场的体育竞技与娱乐活动往往伴随着暴力和血腥。这些活动不仅给参赛者带来了巨大的身体和心理压力，也给观众带来了强烈的视觉冲击和感官刺激。这种以暴力和血腥为特点的体育文化在一定程度上反映了古罗马社会的残酷和无情。

尽管如此，罗马竞技场的体育竞技与娱乐活动仍然对后来的体育文化产生了深远的影响。它们不仅推动了体育规则的进一步发展和完善，还为后来的竞技体育和娱乐产业提供了重要的历史借鉴和启示。同时，这些活动也展示了古罗马人在体育竞技和娱乐方面的创新和才华。

二、近代体育文化的形成

（一）工业革命对体育文化的影响

工业革命作为人类历史上的一次重大变革，不仅深刻改变了社会结构和生产方式，也对体育文化产生了深远的影响。工业革命时期的体育变革不仅体现在工人阶级体育活动的兴起和体育设施与器材的现代化上，还体现在体育教育的兴起与普及中。以下是对这些影响的详细探讨。

1. 工人阶级体育活动的兴起

工业革命带来了机械化生产，减轻了人们的体力劳动负担，大幅缩短了工作时间。相比于农业社会，工人们有了更多的休闲时间来进行体育活动和锻炼身体，促进了体育活动的普及和发展。

在工业革命期间，工人阶级的体育活动逐渐兴起。由于工厂制度的兴起和工人生活条件的改善，工人们有了更多的时间和机会参与各种体育活动。这些活动不仅有助于工人们锻炼身体、增强体质，还成为他们缓解工作压力、增进友谊的重要途径。工人阶级的体育活动往往具有自发性和群众性，如足球、板球等团体运动在工人社区中广受欢迎。这些运动不仅增强了工人们的身体素质，还培养了他们的团队协作精神和竞争意识。

此外，随着工人阶级的持续斗争，地位逐渐提高，他们也开始寻求在体育领域中的话语权和地位。一些工人自发组织了各种体育俱乐部和比赛，这些俱乐部和比赛不仅为工人们提供了展示自己才能的舞台，还促进了工人阶级内部的团结和互助。

2. 体育设施与器材的现代化

工业革命推动了科学技术的进步，也为体育设施与器材的现代化提供了条件。在工业革命期间，各种新型体育设施如体育场、游泳池、健身房等开始出现。这些设施不仅为人们提供了更加便捷、安全的运动环境，还推动了体育运动的多样化和专业化发展。

同时，体育器材也得到了显著的改进和创新。例如，新型跑鞋、运动服装等装备的出现，不仅提高了运动员的竞技水平，还推动了体育产业的发展。这些现代化的体育设施与器材为体育运动的普及和发展提供了有力的支持。

（二）体育教育的兴起与普及

1. 学校体育教育的制度化

在工业革命期间，随着教育制度的改革和完善，学校体育教育也逐渐走向制度化。各国政府开始重视体育教育在培养国民体质和塑造健康生活方式中的重要作用，纷纷将体育教育纳入学校课程体系中。

在学校体育教育中，各种规章制度和教学计划得到了制订和实施。例如，学校规定了体育课的课时和教学内容，建立了体育考核和评价体系等。这些制度的建立不仅确保了体育教育的规范性和有效性，还推动了体育教育在各级学校中的普及和发展。

此外，学校体育教育还注重培养学生的体育精神和竞技意识。通过组织各种体育比赛和活动，不仅提升了学生的身体素质和竞技水平，还培养了他们的团队协作精神和竞争意识。这些经历对于学生们未来的成长和发展具有重要意义。

2. 体育教育在培养国民体质中的作用

在工业革命期间，随着生产方式的变革和人们生活水平的提高，人们对身体健康和体育锻炼的需求也越来越高。体育教育作为培养国民体质的重要途径之一，在工业革命期间发挥了重要作用。

首先，体育教育通过传授体育知识和技能，帮助学生掌握正确的运动方法和技巧。这些运动方法和技巧不仅有助于提高学生的身体素质和竞技水平，还能够帮助他们预防疾病、保持健康。

其次，体育教育通过组织各种体育活动和比赛，激发了学生的运动兴趣和热情。这些活动不仅有助于培养学生的团队协作精神和竞争意识，还能够促进他们之间的交流和互动。这些经历对于学生形成积极向上的生活态度和健康的生活方式具有重要意义。

最后，体育教育在培养国民体质中还发挥了示范和引领作用。通过学校体育教育的普及和发展，越来越多的人开始认识到体育锻炼的重要性，并积极参与其中。这种示范和引领作用不仅推动了体育运动的普及和发展，还促进了全民健身运动的兴起和壮大。

三、现代体育文化的多元化

（一）奥林匹克运动的兴起与全球传播

1. 现代奥林匹克运动的起源

（1）顾拜旦与现代奥林匹克运动的创立

现代奥林匹克运动的兴起，离不开法国教育家皮埃尔·德·顾拜旦（Pierre de Coubertin）的不懈努力与远见卓识。顾拜旦生于19世纪中叶的法国，自幼对体育抱有浓厚兴趣，并在青年时期积极参与各种体育活动。他深刻意识到，随着工业化进程的加速，人们的生活节奏日益加快，体育活动逐渐被边缘化，人们的身体健康状况令人担忧。

为了改变这一现状，顾拜旦开始深入研究古希腊奥林匹克运动的历史，并从中汲取灵感。他坚信，通过恢复和发扬奥林匹克精神，可以促进全球青年的交流与理解，增强人们的体质，培养健康的生活方式。1892年，顾拜旦在巴黎索邦大学的一次演讲中，首次提出了现代奥林匹克运动会的构想，这一倡议迅速得到了国际社会的广泛响应。

经过数年的筹备与努力，1894年6月23日，国际奥林匹克委员会（International Olympic Committee，IOC）在巴黎正式成立，顾拜旦当选为第一任主席。该委员会的宗旨是“通过没有任何歧视、具有奥林匹克精神——以友谊、团结和公平精神互相了解的体育活动来教育青年，从而为建立一个和平的更美好的世界作出贡献”。

（2）首届现代奥运会的举办与影响

1896 年 4 月 6 日至 15 日，首届现代奥林匹克运动会在希腊雅典成功举办。这届奥运会共有来自 14 个国家的 311 名运动员参加，比赛项目涵盖了田径、游泳、举重、射击、自行车、击剑、体操、网球和摔跤等 9 个大项 43 个小项。尽管这届奥运会的规模有限，但它的成功举办标志着现代奥林匹克运动的正式诞生，也为后来的奥运会树立了榜样。

首届奥运会对全球产生了深远影响。它不仅展示了体育运动的魅力，促进了国际的交流与合作，还激发了人们对体育运动的热情。更重要的是，这届奥运会传递了奥林匹克精神——追求卓越、尊重对手、公平竞争，这些价值观至今仍激励着全球运动员和观众。

2. 奥林匹克运动的全球传播与影响

（1）奥运会的国际化与商业化

随着现代奥林匹克运动的不断发展，奥运会的国际化进程日益加速。从第二届奥运会开始，越来越多的国家和地区开始参与进来，奥运会的规模和影响力不断扩大。进入 20 世纪后，随着全球化和信息化的加速推进，奥运会的国际化进程更是达到了前所未有的高度。如今，奥运会已成为全球最具影响力的体育盛事之一，吸引了来自 200 多个国家和地区的数千名运动员参与。

与此同时，奥运会的商业化进程也逐渐加速。从 20 世纪 80 年代开始，国际奥委会积极寻求与商业伙伴的合作，通过赞助、广告、电视转播权等方式获取资金，以支持奥运会的举办和发展。商业化的成功不仅为奥运会提供了充足的资金，还推动了全球体育产业的发展和繁荣。然而，商业化也带来了一些负面影响，如过度商业化导致的体育精神淡化、运动员商业化压力增大等问题，这些问题引起了国际社会的广泛关注和讨论。

（2）奥林匹克精神对全球体育文化的影响

奥林匹克精神作为现代奥林匹克运动的核心价值观，对全球体育文化产生了深远影响。奥林匹克精神强调追求卓越、尊重对手、公平竞争等原则，这些原则不仅适用于体育领域，也广泛应用于社会生活的各个方面。

在体育领域中，奥林匹克精神推动了体育运动的规范化和标准化发展。通过制定严格的比赛规则和裁判制度，确保了比赛的公平性和公正性；通过推广先进的训练方法和器材设备，提高了运动员的竞技水平和身体素质。这些努力不仅促进了体育运动的普及和发展，还为全球体育文化的交流与融合提供了有力支持。

在社会生活方面，奥林匹克精神倡导和平、友谊和团结等理念，这些理念有助于增进不同国家和地区人民之间的理解和信任，促进全球社会的和谐与稳定。同时，奥林匹克精神还鼓励人们追求卓越、勇于挑战自我，这种积极向上的精神风貌对于激发社会活力和推动社会进步具有重要意义。

此外，奥林匹克精神还对全球青少年的成长和发展产生了积极影响。通过参与体育运动和观看奥运会等赛事活动，青少年可以培养健康的生活方式和积极向上的生活态度；他们可以从运动员身上汲取榜样力量，学习他们坚韧不拔、勇于拼搏的精神品质。这些经历对于青少年的全面发展和健康成长具有不可估量的价值。

（二）当代体育文化的特点与趋势

在全球化的浪潮下，不同国家和地区间的联系日益紧密，文化交流成为推动世界文明发展的重要力量。体育文化作为文化交流的重要组成部分，不仅承载着各国的传统与特色，也在全球化的背景下不断交融与创新。以下将探讨全球化背景下体育文化的交融现象，包括跨文化交流中的体育融合、体育赛事的国际化与全球化趋势，以及体育文化的多元性与包容性。

1. 跨文化交流中的体育融合

（1）各国体育文化在全球化中的交流与融合

在全球化进程中，各国体育文化通过体育赛事、运动员交流、媒体传播等渠道实现了广泛的交流与融合。这种交流不仅促进了体育技术的共享与进步，还加深了各国人民之间的文化理解和友谊。

例如，足球作为世界上最受欢迎的体育项目之一，其起源可追溯至中国古代的蹴鞠，但现代足球的规则和战术体系却是在欧洲逐渐形成的。随着全球化的推进，足球运动迅速传播至世界各地，并融入了各国独特的文化元素。在南美洲，足球与桑巴舞的结合形成了独特的足球风格；在非洲，足球则与当地的音乐、舞蹈相结合，成为庆祝胜利和表达民族自豪感的重要方式。这种跨文化的融合不仅丰富了足球运动的内涵，也促进了全球足球文化的多样性和包容性。

此外，篮球、网球、田径等体育项目也在全球化进程中实现了广泛的交流与融合。各国运动员在国际赛场上竞技，不仅展示了各自的技术水平，也传递了各自的文化。这种交流不仅促进了体育技术的创新与发展，还推动了全球体育文化的交融与发展。

（2）体育赛事的国际化与全球化趋势

体育赛事的国际化与全球化趋势是全球化背景下体育文化交融的重要体现。随着国际体育组织的建立和发展，越来越多的体育赛事开始跨越国界，成为全球性的体育盛事。

奥运会是全球最高水平的综合性体育赛事，自 1896 年首届现代奥运会以来，已成为连接世界各国人民的桥梁。每一届奥运会都吸引着来自世界各地的运动员、观众和媒体参与，共同见证体育的魅力和人类的伟大。奥运会的国际化不仅促进了各国体育文化的交流与融合，还推动了全球体育产业的发展和繁荣。

除了奥运会外，世界杯足球赛、网球大满贯赛事、F1 赛车等单项体育赛事也日益国际化。这些赛事不仅吸引了全球顶尖运动员的参与，还通过电视转播、网络直播等方式，将体育的精彩瞬间传递给世界各地的观众。这种全球化的传播方式不仅扩大了体育赛事的影响力，也促进了全球体育文化的交融与创新。

2. 体育文化的多元性与包容性

（1）体育项目的多样性与文化特色

体育文化的多元性体现在体育项目的多样性上。世界各地拥有丰富多彩的体育项目，这些项目不仅各具特色，还承载着各国的文化传统和历史背景。

在中国，武术作为国粹之一，不仅融合了道家、儒家等哲学思想，还体现了中国人对力量、速度和技巧的追求。在日本，柔道、剑道等传统体育项目体现了日本武士道精神和民族文化的精髓。在印度，瑜伽作为一种身心修炼方式，已成为全球范围内广受欢迎的健身项目。这些体育项目不仅展示了各国的文化传统和民族特色，也是全球体育文化的交流与融合的丰富的资源。

此外，现代体育项目如篮球、足球、网球等也在全球范围内广泛传播，并融入了各国独特的文化元素。体育项目的多样性不仅丰富了全球体育文化的内涵，也促进了各国人民之间的文化理解和友谊。

（2）体育文化在全球化中的包容性发展

在全球化背景下，体育文化呈现出包容性发展的趋势。各国体育文化在交流与融合中相互借鉴、取长补短，共同推动了全球体育文化的繁荣与发展。

一方面，各国体育文化在全球化中保持了自身的独特性和多样性。尽管体育项目和技术在全球范围内传播，但各国仍保留着各自独特的文化传统和历史背景。这种独特性不仅为全球体育文化增添了色彩，也为各国人民提供了展示自身文化魅力的舞台。

另一方面，各国体育文化在全球化中相互借鉴、取长补短。例如，中国武术在传入西方国家后，与当地健身文化相结合，形成了具有中国特色的武术健身项目。同时，中国也积极引进国外的先进体育理念和技术，推动了国内体育产业的创新与发展。这种相互借鉴和取长补短的方式促进了全球体育文化的交流与融合，也推动了各国体育文化的共同繁荣。

此外，全球化背景下的体育文化交融还体现在对多元文化的尊重和包容上。国际体育组织在举办赛事时，注重体现各国的文化传统和民族特色，为各国运动员提供了展示自身文化魅力的舞台。同时，各国观众在观看体育赛事时，也能够欣赏到不同国家的文化风情和体育精神，从而增进对多元文化的理解和尊重。

第二节　国内外体育文化特色比较

一、西方体育文化

（一）竞技体育的盛行与商业化

1. 西方竞技体育的发展特点

（1）竞技体育项目的专业化与商业化

西方竞技体育的发展，以其高度的专业化与商业化著称。从古希腊的奥林匹克运动会开始，竞技体育就承载着人类对力量、速度和技巧的极致追求。随着时间的推移，这种追求逐渐演化为现代竞技体育，并呈现出鲜明的专业化和商业化特征。

在专业化方面，西方竞技体育注重运动员的选材、训练和比赛。各国纷纷建立了完善的体育人才培养体系，从青少年时期就开始对运动员进行系统的训练和指导。同时，随着科技的进步，训练方法和手段也在不断更新，运动员的竞技水平不断提高。此外，西方竞技体育还注重对运动项目的规则制定和裁判员的培训，以确保比赛的公平性和公正性。

在商业化方面，西方竞技体育充分利用市场机制，将体育赛事、运动员和赞助商等资源进行整合，形成了完整的产业链。体育赛事的商业化运作不仅为运动员提供了丰厚的奖金和收入，也为赞助商提供了展示品牌、提高影响力的平台。同时，体育赛事的商业化还推动了相关产业的发展，如体育用品制造、体育媒体、体育旅游等。

西方竞技体育的专业化和商业化相互促进，共同推动了竞技体育的快速发展。一方面，专业化提高了运动员的竞技水平，使得比赛更加精彩和激烈；另一方面，商业化为竞技体育提供了强大的经济支撑，使竞技体育能够持续发展和壮大。

（2）竞技体育在全球的影响力与商业价值

竞技体育在全球范围内具有广泛的影响力与商业价值。随着全球化的加速和媒体技术的发展，竞技体育已经跨越国界，成为全球性的文化现象。

在影响力方面，竞技体育不仅吸引了全球亿万观众的关注，还成为各国文化交流的重要载体。通过体育赛事，人们可以了解不同国家的文化、历史和社会风貌，增进相互之间的理解和友谊。同时，竞技体育还承载着人类对和平、友谊和团结的向往，成为连接不同国家和地区人民的桥梁。

在商业价值方面，竞技体育具有巨大的市场潜力和盈利空间。体育赛事的商业化运作不仅为运动员和赞助商带来了丰厚的经济回报，还为相关产业提供了广阔的发展空间。例如，体育用品制造、体育媒体、体育旅游等产业都受益于竞技体育的商业化发展。此外，竞技体育还推动了体育产业的创新和升级，如电子竞技等新兴体育项目的兴起，为体育产业注入了新的活力和动力。

2. 竞技体育赛事的运营与管理

（1）体育赛事的商业化运作与营销策略

体育赛事的商业化运作是竞技体育发展的重要推动力。通过商业化运作，体育赛事可以吸引更多的观众和赞助商，提高比赛的知名度和影响力。

在商业化运作方面，体育赛事注重品牌塑造和市场营销。品牌塑造是体育赛事商业化的关键，通过打造独特的品牌形象和品牌价值，可以吸引更多的观众和赞助商。市场营销包括广告推广、媒体合作、社交媒体营销等多种手段，旨在提高体育赛事的知名度和影响力。

体育赛事还注重与赞助商的深度合作。赞助商通过赞助体育赛事，可以获得品牌曝光、产品推广等商业机会，而体育赛事则可以通过赞助商的资金支持，提高比赛的奖金和奖金池，吸引更多的优秀运动员参赛。这种双赢的合作模式，推动了体育赛事的商业化发展。

在营销策略方面，体育赛事注重创新和多元化。通过创新比赛形式、增加互动环节、提高观众参与度等手段，可以吸引更多的观众关注和参与。同时，体育赛事还注重与媒体和社交平台的合作，通过多渠道、多平台的传播，提高比赛的曝光度和影响力。

（2）体育赛事的国际化与品牌塑造

体育赛事的国际化是竞技体育发展的重要趋势。随着全球化的加速和体育产业的快速发展，体育赛事已经跨越国界，成为全球性的文化现象。

在国际化方面，体育赛事注重与国际体育组织和赛事机构的合作与交流。通过与国际体育组织的合作，可以引进先进的赛事管理经验和技术手段，提高比赛的水平和质量。同时，与国际赛事机构的合作还可以推动体育赛事的国际化进程，提高比赛的知名度和影响力。

在品牌塑造方面，体育赛事注重打造独特的品牌形象和品牌价值。运用独特的比赛形式、精彩的比赛内容、良好的观赛氛围等手段，可以塑造体育赛事的独特品牌形象。同时，体育赛事还注重与观众和赞助商的情感连接，通过提供优质的观赛体验和商业合作机会，增强观众和赞助商对体育赛事的认同感和忠诚度。

体育赛事的国际化与品牌塑造相互促进，共同推动了竞技体育的快速发展。

一方面，国际化提高了体育赛事的知名度和影响力，使得比赛更加具有全球性和包容性；另一方面，品牌塑造为体育赛事提供了独特的品牌形象和品牌价值，使比赛更加具有吸引力和竞争力。

（二）健身文化的普及与发展

1. 健身运动的兴起与普及

（1）健身文化的形成与传播

健身文化的形成，是现代人追求健康生活方式、提高生活质量的重要体现。随着人们生活节奏的加快和工作压力的增大，越来越多的人开始意识到身体健康的重要性，健身运动逐渐成为一种流行的生活方式。

健身文化的传播，得益于社交媒体和互联网的普及。无数健身达人、营养师、健身教练通过网络平台分享他们的健身心得、饮食计划和训练技巧，激发了无数人的健身热情。这些分享活动不仅提供了丰富的健身知识和方法，还树立了典型的健身榜样，引导更多人加入健身行列中来。

此外，健身文化的传播还离不开各类健身活动的推广和普及。从健身房的私教课程到户外的跑步、骑行活动，再到各种健身挑战赛和马拉松赛事，这些活动不仅丰富了人们的健身选择，还营造了浓厚的健身氛围，进一步推动了健身文化的普及。

（2）健身运动在西方国家的普及程度

西方国家在健身运动方面具有较高的普及程度。以美国为例，其健身普及率非常高，健身房和教练的数量众多。相关数据显示，2020 年美国运动参与率达到了 75%。这意味着在西方国家，健身已经成为人们日常生活的重要组成部分。

西方国家健身运动的普及，得益于其完善的健身设施和服务体系。从高端的健身房到社区健身中心，再到各种户外健身设施，西方国家为人们提供了多样化的健身选择。同时，专业的健身教练和营养师团队为人们提供了个性化的健身指导和营养建议，使健身更加科学、有效。

此外，西方国家还注重健身文化的传播和普及。通过举办各种健身活动、比赛和讲座等形式，西方国家不仅增强了人们的健身意识和参与度，还促进了健身文化的深入发展。

2. 健身产业的发展与趋势

（1）健身俱乐部的运营与管理

健身俱乐部作为健身产业的重要组成部分，其运营与管理对于推动健身产业的发展具有重要意义。优秀的健身俱乐部不仅拥有完善的健身设施和服务体系，还注重会员体验和服务质量。

在运营方面，健身俱乐部需要明确目标客户群体，并根据其需求提供个性化的服务。例如，针对年轻人群体的时尚、动感需求，可以提供动感单车、有氧操等课程；针对中老年人群体的健康、养生需求，可以提供瑜伽、太极等课程。同时，健身俱乐部还需要定期举办各种促销活动、会员日等活动，以吸引新会员并留住老会员。

在管理方面，健身俱乐部需要注重员工培训和团队建设。优秀的员工是健身俱乐部的重要资产，他们不仅需要具备专业的健身知识和技能，还需要具备良好的服务意识和沟通能力。因此，健身俱乐部需要定期为员工提供培训和发展机会，以提高其专业素养和服务水平。同时，健身俱乐部还需要注重团队建设，通过组织各种团建活动、分享会等形式，增强员工之间的凝聚力和归属感。

（2）健身科技的革新与应用

健身科技在不断创新和应用。智能健身设备、运动监测与分析系统、智能安防系统等科技产品的出现，为健身产业带来了革命性的变革。

智能健身设备能够通过人脸识别和体脂测量技术自动识别用户身份，并根据用户的身体状况和健身目标为其提供个性化的健身指导和训练计划。这不仅提高了健身效果，还使用户能够全面地了解自己的身体状况。

运动监测与分析系统能够实时记录用户的训练数据，包括速度、力度、节奏等多项指标。教练可以通过这些数据对用户的训练情况进行精准分析，从而调整训练计划和指导方法，进一步提高用户的训练效果和竞技水平。

智能安防系统能够提高健身场所的安全管理水平，确保用户的人身安全和财产安全。例如，智能监控摄像头和门禁系统可以实时监控健身场所的情况，并在发生异常情况时及时报警和处理。

未来，健身科技将继续创新和升级，为健身产业带来更多的便利和乐趣。例如，虚拟现实（VR）和增强现实（AR）技术的应用，将使用户能够在虚拟环境中进行身临其境的健身训练；人工智能（AI）技术的应用，可以根据用户的身体状况和健身目标提供更加智能化的健身指导和建议。健身科技的应用将进一步推动健身产业的发展和升级。

二、东方体育文化

（一）传统体育项目的历史渊源与文化内涵

1. 武术、太极等传统体育项目的起源与发展

（1）武术

中华武术有着悠久的历史，最早可以追溯到商周时期，具有极其广泛的群众基础，是中国劳动人民在长期的社会实践中不断积累和丰富起来的一项宝贵的文化遗产。武术不仅是修习一门制止侵袭的高度自保技术，还是简便易行、能够轻松提高人的精神和身体素质的方法。几千年来，武术一直为我国人民锻炼身体或自卫御敌服务，其中有的已列入竞技运动项目，如长拳、太极拳、南拳，以及剑术、刀术、枪术、棍术等兵器的搏击技术。

中华武术分为传统武术和竞技武术，竞技武术是由传统武术演化而来的体育运动，而传统武术是由古代战争和街头打架所发展出来的徒手和器械格斗术，具有广泛的适应性。

（2）太极

太极拳是一种具有悠久历史和深厚文化底蕴的武术，被视为中华民族坚韧精神的象征。它强调阴阳调和、动静相生的理念，不仅用于强身健体，还用于缓解压力、修身养性，并可与文化、旅游等深度融合，推动社会发展。据传，太极武术的创始人为张三丰，他在道家思想的基础上，结合武术实践，创造了太极这一独特的拳术。太极经历了千余年的发展，形成了多种流派，如陈式、杨式、武式、吴式、孙式、李式、和式、王其式等。这些流派在传承中不断发展，使得太极拳术日益丰富和完善。如今，太极、武术已经成为中国武术的代表之一，深受国内外人士的喜爱和推崇。

2. 传统体育项目在东方文化中的地位与作用

在东方文化中，传统体育项目如武术、太极等具有举足轻重的地位。它们不仅体现了中华民族的智慧和勇气，还承载着东方文化的深厚底蕴。这些体育项目通过独特的运动形式和内涵，传递着东方文化的价值观和哲学思想。例如，武术强调内外兼修、刚柔并济，体现了东方文化中的阴阳平衡和和谐共生的理念；而太极拳则更加注重身心的和谐统一和内在的修炼，通过柔和、缓慢的动作来达到调节身心平衡、健康长寿的目的。这些传统体育项目不仅丰富了人们的生活，还传承了东方文化的精髓。

（二）传统体育项目的传承与创新实践

1. 传统体育项目的保护和传承

武术作为中华民族的传统体育项目，承载着丰富的文化内涵和历史底蕴。为了保护和传承武术这一宝贵的文化遗产，国家和地方政府采取了一系列措施。例如，设立武术学校和武术研究机构，培养专业的武术人才和研究者；举办各种武术比赛和活动，推广和普及武术文化；将武术纳入学校体育课程，让更多的学生了解和接触武术。

对于太极拳这一传统体育项目，保护和传承同样重要。太极拳专业委员会等组织在推动太极拳的保护、传承和发展方面发挥了积极作用。他们通过举办太极拳比赛、研讨会和培训活动，提高太极拳的知名度和影响力；同时，还积极推动太极拳的数字化、国际化和年轻化，让更多的人了解和喜爱太极拳。

此外，武术传承人可以通过参与各种武术学会和武术研讨会，结合各地方传统武术的优势，以促使传统武术更好地传承。他们还可以利用现代化的设备对武术进行展示，以保证传统武术的多样化和现代化。并且，将地方特色武术融入学校教育，完善武术段位制，也是利用武术提高学生身体素质，弘扬民族文化的重要举措。

2. 传统体育项目在现代社会的创新与发展

在现代社会，武术不断创新和发展，以适应时代的需求。一方面，武术与现代体育理论和方法相结合，提高武术运动的教学质量和训练效果；另一方面，武术也与其他体育项目相融合，推动武术运动的创新发展。此外，武术还广泛应用于影视、游戏等领域，成为文化传播的重要载体。

太极拳在现代社会的创新与发展同样引人注目。通过与现代科技的融合，太极拳焕发出了新的生机。例如，利用数字化手段保存和传播太极拳的动作、理论与拳谱；利用智能系统分析学员学习行为，精确评估训练效果，为每位学员量身定制学习路径；将太极拳的元素融入现代产品设计，开发出独特的太极字体生成转换器、推出太极主题的智能穿戴设备等。这些创新实践不仅推动了太极拳的普及和发展，还为传统文化的传承提供了新的思路和方法。

第三节　当代体育文化的发展趋势

一、科技对体育文化的影响

（一）数字化、智能化技术在体育领域的应用

1. 数字化技术在体育竞赛中的应用

（1）体育赛事的数字化管理与运营

体育赛事的数字化管理与运营是现代体育发展的重要趋势。数字化平台能够集中管理所有赛事信息，实时采集和分析数据，从而大幅提高赛事组织效率和运营水平。

赛事信息管理：数字化平台可以整合赛事的日程安排、参赛队伍、运动员资料等关键信息，实现信息的集中管理和快速查询。

数据分析与预测：通过收集和分析历史数据，数字化平台能够预测比赛的走势和结果，为赛事组织者提供决策支持。这些数据还可以用于优化赛程安排、提高场馆利用率，以及提高观众的观赛体验。

数字化营销与传播：数字化技术为体育赛事的营销与传播提供了全新的渠道。通过社交媒体、在线直播等平台，赛事组织者可以实时更新赛事动态，吸引更多观众的关注。此外，数字化营销还可以实现精准定位，根据观众的兴趣和需求推送相关内容，提高营销效果。

（2）数字化技术在体育竞技中的辅助作用

数字化技术在体育竞技中也发挥着重要作用。它能够为运动员提供实时的比赛数据和分析，帮助他们更好地了解比赛形势，制定战术策略。

实时数据监测：通过传感器和智能设备，数字化技术可以实时监测运动员的比赛数据，如速度、力量、位置等。这些数据可以实时反馈给运动员和教练，帮助他们及时调整战术和策略。

比赛场景模拟：利用虚拟现实（VR）和增强现实（AR）技术，数字化技术可以模拟真实的比赛场景，为运动员提供逼真的训练环境。这有助于运动员在训练中更好地适应比赛节奏和氛围，提高竞技水平。

战术分析与优化：数字化技术还可以对比赛录像进行深度分析，提取关键战术信息和数据。教练团队可以利用这些信息进行战术优化和调整，提高球队的整体竞技水平。

2. 智能化技术在体育训练中的应用

（1）智能化训练系统的开发与应用

智能化训练系统是体育训练领域的重要创新。它利用人工智能、大数据等技术，为运动员提供个性化的训练计划和指导。

个性化训练计划：智能化训练系统可以根据运动员的身体状况、技能水平和训练目标，制订个性化的训练计划。这些计划可以精确到每一天的训练内容和强度，帮助运动员实现科学训练。

智能监测与分析：智能化训练系统还可以实时监测运动员的训练数据，包括心率、血压、肌肉活动等指标。通过对这些数据的分析，系统可以评估运动员的训练效果，及时发现潜在问题，并给出相应的调整建议。

智能辅助训练：利用虚拟现实（VR）和增强现实（AR）技术，智能化训练系统可以为运动员提供虚拟的训练环境和对手。这有助于运动员在训练中更好地模拟比赛场景，提高实战能力。

（2）智能化技术在运动员训练中的效果评估

智能化技术在运动员训练中的效果评估方面发挥着重要作用。它可以通过对训练数据的深度分析和挖掘，为教练团队提供精准的评估结果和反馈。

训练效果评估：智能化技术可以实时监测和分析运动员的训练数据，包括训练强度、技能提高情况等指标。通过对这些数据的分析，教练团队可以客观地评估运动员的训练效果，及时发现训练中的问题和不足。

技能提高监测：智能化技术还可以对运动员的技能提高情况进行监测和评估。通过对比不同时间段的数据，教练团队可以清晰地看到运动员在技能方面的进步和变化，为后续的训练计划提供有力的支持。

个性化反馈与建议：基于训练数据的分析结果，智能化技术可以为运动员提供个性化的反馈和建议。这些建议可以针对运动员的具体情况和需求进行定制，帮助他们更好地改进训练方法和技巧。

（二）体育赛事的直播与转播技术革新

1. 体育赛事直播技术的演变与发展

（1）体育赛事直播技术的革新历程

体育赛事直播技术的革新历程是一个不断追求更高质量、更便捷体验的过程。

早期阶段：体育赛事直播主要依赖于电视媒介，技术相对简单，画面和声音质量有限，但能够满足基本的实时传播需求。

数字化与网络化转型：随着数字技术和网络技术的发展，体育赛事直播开始向数字化和网络化转型。高清和超高清技术的应用极大地提高了体育赛事直播的画质，为观众提供了更加细腻和真实的观赛体验。

多平台与多设备支持：随着智能设备的普及，体育赛事直播开始支持多平台和多设备观看，观众可以通过手机、平板、电脑等多种设备观看直播，满足了不同场景下的观看需求。

新技术融合：近年来，虚拟现实（VR）、增强现实（AR）、人工智能（AI）等新技术的融合应用，为体育赛事直播带来了全新的体验。这些技术不仅提高了直播的画质和互动性，还让观众能够身临其境地感受比赛现场。

（2）体育赛事直播技术的未来发展趋势

更高的清晰度：随着技术的不断进步，体育赛事直播的画质将继续提高，从 4K 到 8K 甚至更高清晰度的直播将成为可能。

更智能的交互：AI 技术将进一步融入体育赛事直播中，实现更智能的交互和个性化推荐。例如，通过智能分析观众的行为和偏好，为观众提供定制化的直播内容和观赛模式。

更丰富的体验：VR 和 AR 技术将为观众带来更加沉浸式的观赛体验。观众可以通过 VR 设备身临其境地感受比赛现场，或者通过 AR 技术在现实世界中叠加比赛信息和数据。

2. 体育赛事转播技术的创新与应用

（1）体育赛事转播技术的多样化与个性化

体育赛事转播技术的多样化与个性化是满足观众多样化需求的关键。

多样化转播方式：体育赛事转播不再局限于传统的电视转播，而是向网络直播、移动直播等多种方式拓展。这些转播方式不仅让观众能够随时随地观看比赛，还提供了更多样化的观赛体验。

个性化定制：通过大数据分析观众的喜好和需求，体育赛事转播可以提供个性化的定制服务。例如，观众可以根据自己的喜好选择不同的观看模式、视角和信息展示方式，享受更加个性化的观赛体验。

（2）体育赛事转播技术在提高观众体验中的作用

高清画质与细腻呈现：高清和超高清转播技术的应用，让观众能够清晰地看到比赛中的每一个细节，提高了观赛的沉浸感和真实感。

多角度观看：通过多个摄像机位和无人机等技术手段，体育赛事转播实现了对赛事的全方位、多角度覆盖。观众可以根据自己的喜好选择不同的观看角度，享受更加丰富的观赛体验。

实时互动与社交分享：现代体育赛事转播技术允许观众通过社交媒体等渠道参与到直播中，增加了观众的参与感和互动性。观众可以在观看比赛的同时，与其他观众进行交流、分享观点，甚至参与到各种互动活动中，赢取奖品和纪念品。

数据分析与战术解读：通过 AI 和大数据技术，体育赛事转播可以实时分析比赛数据，为观众提供更加深入、专业的战术解读和比赛分析。这有助于观众更好地理解比赛进程和战术策略，提高观赛的趣味性和专业性。

二、体育文化的跨界融合

（一）体育与娱乐、旅游、教育等领域的融合

1. 体育与娱乐产业的融合实践

（1）体育赛事与娱乐节目的结合与创新

体育赛事与娱乐节目的结合已成为当今娱乐产业的一大亮点。这种结合不仅为体育赛事带来了更广泛的观众群体，也为娱乐节目增添了新的内容和形式。例如，一些电视台会直播重要的体育赛事，并在赛事间隙穿插娱乐表演和互动环节，以提高观众的观看体验。体育赛事本身也在不断创新，通过引入更多娱乐元素来吸引观众。例如，一些体育比赛会设置特别的表演环节，或者在比赛场地布置上融入娱乐元素，使体育赛事更加具有观赏性和趣味性。

（2）体育明星在娱乐产业中的影响力与商业价值

体育明星在娱乐产业中的影响力日益增强。他们凭借在赛场上的出色表现和独特的个人魅力，吸引了大量粉丝和关注。这些体育明星不仅成为广告商的宠儿，还积极参与各种娱乐活动，如电影、电视剧、综艺节目等，进一步扩大了自己的影响力和商业价值。他们的参与不仅为娱乐节目带来了更高的收视率和关注度，也为广告商带来了更多的商业机会和收益。

2. 体育与旅游产业的融合发展

（1）体育旅游项目的开发与运营

随着人们生活水平的提高和健康意识的增强，体育旅游项目逐渐受到游客的青睐。各种户外运动、登山越野、骑行马拉松等体育活动成为旅游的新热点。这些体育旅游项目不仅丰富了旅游内容，还为游客提供了更多元化的旅游体验。在开发与运营方面，一些地区结合自身的自然资源和人文特色，打造了独具特色的体育旅游品牌，如滑雪度假区、山地户外运动基地等。这些项目不仅吸引了大量游客前来体验，还带动了当地经济的发展。

（2）体育旅游在促进地方经济发展中的作用

体育旅游在促进地方经济发展中发挥着重要作用。一方面，体育旅游项目能够带动相关产业的发展，如餐饮、住宿、交通等，为当地创造更多的就业机

会和经济效益。另一方面，体育旅游项目还能够提高地区的知名度和美誉度，吸引更多的游客前来旅游和消费。此外，一些重要的体育赛事和活动还能为当地带来直接的经济效益和广告效应。

3. 体育与教育产业的深度融合

（1）学校体育教育的改革与创新

学校体育教育是培养学生身心健康的重要途径。近年来，随着教育改革的不断深入，学校体育教育也在不断创新和发展。一方面，学校注重提高学生的身体素质和健康水平，通过科学合理的体育锻炼来增强学生的体质。另一方面，学校还注重培养学生的体育兴趣和爱好，通过开设多样化的体育课程和活动来满足学生的不同需求。此外，一些学校还引入了现代化的教学手段和技术，如虚拟现实技术（VR）、增强现实技术（AR）等，来提高学生的学习体验和兴趣。

（2）体育教育在培养青少年综合素质中的作用

体育教育在培养青少年综合素质中发挥着重要作用。首先，体育教育能够提高学生的身体素质和健康水平，为他们未来的学习和生活打下坚实的基础。其次，体育教育还能够培养学生的意志品质和团队精神，通过参与体育活动来锻炼学生的意志力和团队协作能力。此外，体育教育还能够促进学生的社交能力和心理素质的发展，通过参与集体活动和比赛来增强学生的自信心和社交能力。最后，体育教育还能够培养学生的创新意识和实践能力，通过参与体育创新和实践活动来激发学生的创造力和实践能力。

（二）体育文化的国际化与本土化

1. 体育文化的国际化趋势与挑战

（1）体育文化的全球化传播与影响

在当今全球化的背景下，体育文化已经跨越国界，成为全球共享的文化现象。国际性的大型体育赛事，如奥林匹克运动会、世界杯足球赛等，不仅吸引了全世界的目光，还促进了各国之间的文化交流与融合。这些赛事通过电视转播、网络直播等现代化传播手段，让全球观众能够实时关注比赛进程，感受体育的激情与魅力。

体育文化的全球化传播不仅体现在赛事的举办和观看上，更深入到了体育理念、训练方法、运动规则等多个层面。例如，现代体能训练方法和理念不断传入中国，并与中国传统养生理论相结合，形成了具有中国特色的体能训练体系。同时，中国的传统体育项目如武术、太极拳等也在国际上得到了广泛传播和认可，成为连接中外文化的桥梁。

体育文化的全球化传播对于提高国家文化软实力、增强民族凝聚力、推动国际交流与合作具有重要意义。它有助于打破文化壁垒，促进不同文化之间的理解和尊重，从而构建更加和谐的世界文化格局。

（2）体育文化在国际化过程中的挑战与应对策略

体育文化在国际化过程中也面临着诸多挑战。一方面，不同国家和地区的文化背景、价值观念、宗教信仰等存在差异，这可能导致体育文化在传播过程中产生误解和冲突。另一方面，随着竞技体育的商业化、娱乐化趋势日益明显，体育文化的纯粹性和教育性可能受到侵蚀。

为了应对这些挑战，需要采取以下几个策略：一是加强国际交流与合作，通过举办国际体育赛事、开展文化交流活动等途径，增进各国之间的了解和友谊；二是尊重和保护各国体育文化的多样性，避免文化同质化现象的发生；三是加强对体育文化的教育和引导，提高公众对体育文化的认识和重视程度；四是推动体育文化的创新与发展，结合现代科技手段和传播方式，打造具有吸引力的体育文化产品和品牌。

2. 体育文化的本土化实践与探索

（1）体育文化在本土文化中的传承与创新

体育文化在本土文化中的传承与创新是推动体育文化发展的重要动力。一方面，需要深入挖掘和传承本土体育文化中的优秀传统和精髓，如中国的武术、太极拳等传统体育项目，这些项目不仅具有深厚的文化底蕴，还蕴含着丰富的哲学思想和人生智慧。另一方面，也需要结合现代社会的需求和特点，对本土体育文化进行创新和发展。例如，可以借鉴现代体能训练方法和理念，完善传统体育项目的训练体系；可以引入现代科技手段，提高体育比赛的观赏性和互动性；还可以结合地方特色和文化元素，开发具有地方特色的体育旅游项目和文化产品。

通过传承与创新相结合的方式，可以推动本土体育文化在全球化的大背景下保持独特性和竞争力，为地方文化的繁荣和发展贡献力量。

（2）体育文化的本土化在促进地方文化繁荣中的作用

体育文化本土化在促进地方文化繁荣中发挥着重要作用。一方面，体育文化的本土化有助于提高地方文化的知名度和影响力。通过举办具有地方特色的体育赛事和活动，可以吸引更多游客前来参观和旅游，从而推动地方经济的发展和文化的传播。另一方面，体育文化的本土化也有助于丰富地方文化的内涵和多样性。通过挖掘和传承本土体育文化中的优秀传统和精髓，可以打造具有地方特色的体育文化品牌和旅游项目，为地方文化注入新的活力和元素。同时，还可以结合地方特色和文化元素，开发具有地方特色的体育文化产品和文化衍生品，满足游客和消费者的多样化需求。

第二章　体育文化的多维价值

第一节　体育文化的社会治理功能

一、体育文化促进社会整合

（一）打破社会阶层壁垒

体育赛事所搭建的平台，天然地具有公平竞争的属性，无论参与者的财富多寡、社会地位高低、职业类别如何，都必须在统一的规则框架下，凭借自身的体能、技能与毅力展开竞争。以风靡全球的马拉松赛事为例，其参与者的成分极为丰富，既有企业高管、商业精英，也有普通的公司职员、学生群体，甚至包括退休的老年人。在长达42.195公里的漫长赛程中，人们怀揣着对自我挑战的执着追求，超越了身份与地位的界限，共同享受跑步带来的快乐与成就。这种超越阶层的参与方式，为不同背景的人群提供了平等交流的机会，极大地增进了彼此的了解与信任，有效打破了社会阶层之间的隔阂，有力地促进了社会的融合。比如，在波士顿马拉松赛场上，来自不同行业的参赛者在共同挑战极限的过程中，建立起深厚的友谊，赛后他们依然保持联系，分享各自的生活与工作经验，实现了不同阶层之间的良性互动。

（二）增强社会凝聚力

体育文化在民族与国家层面，具有强大的情感号召力，能够激发民众强烈的认同感与归属感。每当本国运动员在国际赛场上获得佳绩，如中国乒乓球队在奥运会上多次包揽金牌，全国人民都会为之沸腾，民族自豪感在瞬间被点燃。这种情感的共鸣，如同一条无形的纽带，将分散的个体紧密地联系在一起，形成强大的社会凝聚力。此外，社区组织的各类体育活动，如篮球赛、广场舞比赛等，同样能够吸引大量居民积极参与。通过这些活动，邻里之间的交流与合作得到显著增强，营造出和谐融洽的社区氛围，极大地提高了社区的凝聚力。在一些少数民族聚居的地区，举办传统的体育赛事，如蒙古族的那达慕大会，不仅能够传承和弘扬民族文化，还能吸引全体族人共同参与，增强民族内部的凝聚力。

二、体育文化维护社会秩序

（一）培养规则意识

体育活动自始至终都在严格的规则体系下进行，参与者从接触体育的那一刻起，就需要学习并遵守这些规则。以足球比赛为例，球员们必须准确理解越位、犯规等规则，一旦违反，将受到裁判的公正判罚。长期参与体育活动，对规则的学习与遵守会逐渐内化为参与者的行为习惯，使其在日常生活中也能自觉遵守法律法规和社会规范。通过体育活动培养的规则意识，能够有效减少社会冲突与混乱，维护社会的正常秩序。许多学校通过开展足球、篮球等体育课程，将规则教育融入其中，培养学生的规则意识和自律能力，这些学生在日常生活中也表现出更高的纪律性和责任感。

（二）提供情绪宣泄渠道

在快节奏的现代社会，人们面临着来自工作、生活等多方面的巨大压力。如果这些负面情绪得不到及时有效的宣泄，可能会引发各种心理问题，甚至导致社会矛盾的激化。体育活动为人们提供了一个安全、合理的情绪宣泄出口。例如，球迷们在观看比赛时，会尽情地为支持的球队呐喊助威，释放内心的激情与压力。这种情绪的宣泄不仅有助于维护个人的心理健康，还能避免因负面情绪积压而引发的社会不稳定因素。一些企业组织员工参加体育比赛，帮助员工缓解工作压力，改善工作氛围，减少员工之间的矛盾和冲突。

三、体育文化推动社会发展

（一）促进经济增长

体育产业作为体育文化的重要承载主体，蕴含着巨大的经济潜力。体育赛事的举办，能够直接带动旅游、餐饮、住宿等相关产业的繁荣发展，创造大量的就业机会。以北京奥运会为例，北京奥运会的成功举办，不仅极大地提高了北京的国际城市形象，还为北京带来了显著的经济效益。据统计，奥运会期间，北京接待了来自世界各地的大量游客，旅游收入实现了大幅增长。此外，体育用品制造、体育传媒等产业，在体育文化的推动下也不断发展壮大，成为国民经济的重要增长点。随着电竞产业的兴起，电竞赛事的举办吸引了大量观众和赞助商，带动了直播、周边产品等相关产业的发展，创造了可观的经济效益。

（二）助力健康中国建设

体育文化积极倡导健康的生活方式，鼓励人们主动参与体育锻炼，提高身体素质。通过广泛开展全民健身活动，如健身操、徒步、游泳等，越来越多的人养成了定期锻炼的习惯，这对于降低慢性疾病的发生率、减轻医疗负担、提高全民健康水平具有重要意义。体育文化的传播，能够有效增强人们的健康意识，促使其关注自身健康状况，主动采取健康的行为方式，为健康中国建设奠定坚实的基础。一些社区通过举办健康讲座和体育活动，向居民普及健康知识，引导居民参与体育锻炼，居民的健康水平得到了明显提高。

第二节　体育产业的经济价值呈现

一、体育产业的经济辐射效应

（一）体育赛事带动相关产业协同发展

体育赛事作为体育产业的核心组成部分，对其他产业具有强大的带动作用。在大型体育赛事举办期间，观众、运动员、媒体人员等大量涌入举办城市，极大地带动了当地的旅游业的发展。以 2020 年东京奥运会为例，尽管因疫情原因观众入场受限，但奥运会的筹备和举办仍吸引了大量国际媒体、奥运相关工作人员前往东京。东京及其周边地区的酒店、民宿、餐饮等旅游相关产业迎来消费高峰。据日本政府相关部门统计，东京奥运会筹备阶段，新建和翻新的体育场馆及配套基础设施，带动了建筑行业的繁荣，拉动了近万亿日元的投资。赛事期间，东京及周边地区的酒店入住率大幅上升，部分热门地段的酒店房价飙升，餐饮行业同样收获颇丰，日本特色美食和国际餐饮品牌在奥运相关区域的销售额显著增长。

不仅如此，体育赛事对交通运输行业的影响也十分显著。赛事举办期间，城市公共交通客流量剧增，出租车、网约车订单量大幅上升。为满足赛事期间的交通需求，东京加大了对公共交通的投入，增加了地铁、公交的运营班次，优化了线路设置，同时，赛事也推动了当地租车行业的发展，众多游客选择租车自驾前往比赛场馆，体验当地的风土人情。此外，体育赛事还带动了广告、传媒等行业的发展。企业纷纷加大对赛事的赞助和广告投放力度，期望借助赛事的广泛影响力提高品牌知名度和产品销量。媒体为了报道赛事，投入大量的人力、物力和技术设备，推动了传媒行业的技术创新和业务拓展。

（二）体育旅游激发地方经济新活力

体育旅游作为体育与旅游深度融合的新兴产业形态，正逐渐成为地方经济发展的新增长点。近年来，马拉松赛事在国内各地如雨后春笋般兴起，吸引了大量跑步爱好者参与。以北京马拉松为例，每年举办期间，来自全国各地乃至国外的数万名跑者会聚北京。这些跑者在参赛之余，还会游览北京的名胜古迹，品尝特色美食，带动了北京旅游业的发展。据不完全统计，参加北京马拉松的外地跑者，在京停留 2~3 天，人均消费超过 3000 元，涵盖了住宿、餐饮、交通、购物等方面。此外，一些具有独特自然景观的地区，也纷纷开展户外运动旅游项目，如登山、徒步、漂流等。张家界凭借其独特的喀斯特地貌，推出了登山、攀岩等体育旅游项目，吸引了大量户外运动爱好者。这些项目不仅丰富了张家界的旅游产品类型，还延长了游客的停留时间，增加了旅游收入。据张家界旅游部门统计，开展体育旅游项目后，当地旅游收入年均增长超过 10%。

二、体育消费：拉动经济增长的新引擎

（一）体育用品消费：市场规模持续扩大

随着人们健康意识的不断增强，体育用品市场呈现出蓬勃发展的态势。从传统的运动服装、运动鞋到各类运动器材，市场需求持续增长。以运动服装市

场为例，近年来，国内运动服装品牌不断崛起，安踏、李宁等品牌凭借其出色的产品设计、卓越的品质和强大的营销推广，市场份额逐渐扩大。相关数据显示，2023 年，安踏集团的营收超过 500 亿元，同比增长 15%以上。与此同时，国际运动品牌如耐克、阿迪达斯等在中国市场也保持着较高的市场占有率。这些品牌通过不断推出新技术、新产品，满足消费者对运动服装功能性和时尚性的需求。在运动器材方面，健身器材市场增长迅速。随着家庭健身的兴起，跑步机、哑铃等小型健身器材成为热门商品。小米有品等电商平台的数据显示，2023 年家用健身器材的销售额同比增长超过 30%。此外，随着冰雪运动的普及，滑雪板、冰鞋等冰雪运动器材的销量也大幅增长。

（二）体育服务消费需求日益多样化

除了体育用品消费外，体育服务消费也成为体育产业经济价值的重要体现。健身休闲服务市场持续升温，各类健身房、瑜伽馆、游泳馆等如雨后春笋般涌现。以连锁健身房品牌威尔士为例，其在全国多个城市开设了数百家门店，会员数量不断增加。威尔士通过提供专业的健身课程、优质的教练服务和舒适的健身环境，吸引了大量消费者。据统计，2023 年，国内健身休闲服务市场规模超过 2000 亿元，同比增长 12%以上。此外，体育培训市场也呈现出快速发展的趋势。随着家长对孩子身体素质的重视，各类体育培训项目受到青睐。篮球、足球、羽毛球等传统体育项目的培训市场持续火爆，同时，一些新兴体育项目如马术、击剑等的培训也逐渐兴起。据不完全统计，2023 年，国内体育培训市场规模超过 1000 亿元，同比增长 15%以上。

三、体育产业对就业的促进作用

（一）直接就业：创造大量体育相关岗位

体育产业的发展为社会创造了大量直接就业机会。从体育赛事的组织运营、体育场馆的管理维护，到体育用品的生产销售、体育服务的提供，各个环节都需要大量专业人才。以体育赛事组织运营为例，一场大型体育赛事的举办，需要赛事策划、赛事执行、赛事营销、赛事安保等多个岗位的人员协同工作。2022 年北京冬奥会的举办，为北京及周边地区创造了数万个直接就业岗位，涵盖了赛事组织、场馆运营、志愿服务等领域。在体育用品生产企业，从产品设计、原材料采购、生产制造到质量检测、物流配送，每个环节都需要大量的劳动力。以安踏体育用品有限公司为例，其在全国拥有数万名员工，涵盖了设计、生产、销售等多个环节。此外，体育服务行业也是吸纳就业的重要领域，健身教练、体育培训师、体育康复师等专业人才的需求不断增加。

（二）间接就业：带动关联产业就业增长

体育产业的发展不仅创造了大量直接就业机会，还通过产业链的延伸，带动了关联产业的就业增长。以体育赛事为例，赛事的举办需要餐饮、住宿、交通等多个行业的支持，为这些行业创造了大量就业机会。在赛事举办期间，酒店、餐厅、出租车公司等需要增加员工数量，以满足赛事期间的服务需求。此外，体育产业的发展还带动了广告、传媒、金融等行业的发展，为这些行业创造了新的就业岗位。广告公司为体育赛事和体育品牌提供广告策划、制作和投放服务，传媒公司为赛事提供报道和转播服务，金融机构为体育企业提供融资和保险服务。这些行业的发展，都离不开专业人才的支持，从而为社会创造了更多的就业机会。

第三节　体育精神的教育赋能路径

在当代教育体系中，体育不仅是强身健体的手段，还是塑造人格、培育价值观的重要途径。体育精神所蕴含的坚韧不拔、团结协作、公平竞争等价值观念，对于学生的全面发展具有不可替代的教育赋能作用。探索切实可行的体育精神教育赋能路径，能够有效提高教育质量，培养适应时代需求的高素质人才。本节将从学校体育教育、社会体育活动、家庭教育以及新媒体传播等多个维度，对体育精神的教育赋能路径展开深入探讨。

一、深挖学校体育课堂潜力，筑牢体育精神培育根基

学校是教育的主阵地，体育课堂是学生接触体育精神的重要场所。为充分发挥体育课堂对体育精神的教育赋能作用，可从教学内容、教学方法以及师资

队伍建设等方面进行优化。

（一）丰富教学内容，渗透体育精神内涵

传统体育项目中提炼价值：许多传统体育项目蕴含着深厚的文化底蕴和独特的体育精神。例如，太极拳讲究“以柔克刚”“天人合一”，学生在学习太极拳的过程中，不仅能掌握一项运动技能，还能体悟到中国传统文化中追求和谐、内敛坚韧的精神品质。蹴鞠作为古代足球运动，在规则和竞技过程中，体现了公平竞争和团队协作的精神。教师可将这些传统体育项目引入课堂，深挖其中的精神内涵，让学生在参与运动的同时，汲取传统文化的养分，感受体育精神的魅力。

为新兴体育项目中注入活力：随着时代的发展，攀岩、射箭、飞盘等新兴体育项目不断涌现。这些项目具有趣味性强、挑战性高的特点，深受学生喜爱。在教学过程中，教师可引导学生认识新兴体育项目所倡导的冒险精神、创新精神以及自我超越精神。比如，攀岩运动需要学生克服恐惧，挑战自我，培养勇往直前的精神品质；射箭运动则能帮助学生学会专注与耐心，提高自我控制能力。

（二）创新教学方法，激发学生对体育精神的感悟

情境教学法营造氛围：教师可创设具有特定情境的体育教学场景，让学生在模拟的体育赛事或活动中，深刻体验体育精神。例如，组织一场模拟奥运会，让学生分组参与不同项目的比赛，在比赛过程中设置各种困难和挑战，如对手实力强劲、比赛规则复杂等。通过这种方式，学生能够身临其境地感受到奥运会所倡导的更快、更高、更强、更团结的精神，培养坚韧不拔的意志和团队协作能力。

项目式学习培养综合能力：采用项目式学习方法，让学生以小组形式完成一个与体育相关的项目。比如，策划一场校园运动会，学生需要从项目设置、人员组织、比赛规则制定到赛事宣传等方面进行全方位的策划和实施。在这个实践过程中，学生不仅能够锻炼组织协调能力，还能领悟公平竞争、尊重规则等体育精神。

（三）强化师资队伍建设，提高体育精神教育水平

定期培训与交流：学校应定期组织体育教师参加专业培训，培训内容不仅包括体育教学技能的提高，还应涵盖体育精神教育的相关理论和方法。例如，邀请体育教育专家举办讲座，分享体育精神教育的成功经验和案例；组织教师参加体育精神教育研讨会，促进教师之间的交流与合作。

激励教师创新教学：建立相应的激励机制，鼓励体育教师在教学过程中积极探索创新，将体育精神教育融入日常教学中。对于在体育精神教育方面表现突出的教师，给予表彰和奖励，激发他们的积极性和主动性。

二、拓展社会体育活动平台，丰富体育精神体验场景

社会体育活动为学生提供了广阔的体育精神体验平台，通过参与各类社会体育赛事和活动，学生能够将在学校学到的体育精神应用到实际生活中，进一步深化对体育精神的理解和感悟。

（一）举办各类体育赛事，提供竞技体验机会

社区体育赛事促进交流：社区可以组织各类体育赛事，如篮球比赛、足球比赛、羽毛球比赛等，吸引学生参与。这些赛事不仅为学生提供了展示自我的平台，还能让学生在与不同年龄段、不同背景的人竞争和合作的过程中，学会尊重对手、团队协作以及面对胜负的正确态度。例如，在社区篮球比赛中，学生可能会遇到比自己实力更强的对手，通过与他们的较量，学生能够认识到自己的不足，激发自我提高的动力，并且学会在失败中总结经验，培养坚韧不拔的毅力。

公益体育赛事传递正能量：举办公益体育赛事，将体育与公益事业相结合，让学生在参与体育活动的同时，为社会作出贡献。例如，组织马拉松公益跑活动，参与者每跑一公里，企业或赞助商就为贫困地区的儿童捐赠一定数额的资金或物资。通过这样的活动，学生能够在体验体育竞技乐趣的同时，培养社会责任感和奉献精神。

（二）开展体育文化活动，加深体育精神理解

体育文化展览与讲座：博物馆、体育馆等场所可以举办体育文化展览，展

示体育发展的历史、不同体育项目的特点以及体育精神的内涵。同时，邀请体育明星、体育专家举办讲座，分享他们的体育经历和对体育精神的理解。学生通过参观展览和聆听讲座，能够更直观地了解体育精神的形成和发展，加深对体育精神的理解。

体育文化节营造氛围：举办体育文化节，将体育赛事、体育表演、体育文化展示等多种活动有机结合起来。例如，在体育文化节上，除了进行各类体育比赛外，还可以安排舞龙舞狮、武术表演等传统体育项目展示，以及体育摄影、体育绘画等文化活动。通过这种综合性的体育文化活动，营造浓厚的体育文化氛围，让学生在潜移默化中受到体育精神的熏陶。

第三章　健康教育的理论基础

第一节　健康教育的概念与范畴

一、健康教育的定义

（一）健康教育的内涵与外延

1. 健康教育的核心概念

健康教育是通过信息传播和行为干预，帮助个人和群体掌握卫生保健知识，树立健康观念，自愿采纳有利于健康的行为和生活方式的教育活动与过程。其目的是消除或减轻影响健康的危险因素，预防疾病，促进健康和提高生活质量。健康教育以调查研究为前提，以改善对象的健康相关行为为目标，以传播健康信息为主要措施，最终达到预防疾病、促进健康、提高生活质量的目的。

2. 健康教育涵盖的领域与范围

健康教育涵盖的领域广泛，包括学校健康教育、职业人群健康教育、医院健康教育等。按教育目的或内容分类，还可分为防治疾病的健康教育、营养健康教育、环境保护健康教育、生殖健康教育等。这些领域和范围都是围绕提高人们的健康素养，促进健康行为和生活方式的形成而展开的。

（二）健康教育与其他相关概念的区别与联系

1. 与卫生教育的关系

卫生教育是指向人们进行卫生知识宣传教育，目的是让人们了解基本的卫生常识，养成一些基本卫生习惯。它与健康教育的区别在于：

健康教育是既有调查研究又有计划、组织、评价的系统干预活动，涉及多个层次和多个方面，并不是简单的、单一方向的信息传播。

健康教育是以促进个体和群体改变不健康的行为方式为核心，从而预防疾病、促进健康，而不是作为一种辅助方法为卫生工作某时间的中心任务服务。

健康教育通过与传播学、管理科学、行为科学、医学科学等学科的融合，初步建立了属于自己的理论和方法体系。

2. 与健康促进的区别与联系

健康促进是指运用行政或组织手段，广泛动员和协调社会各相关部门以及社区、家庭和个人，使其履行各自对健康的责任，共同维护和促进健康的一种社会行为和社会战略。健康教育与健康促进的区别与联系如下：

区别：健康教育的对象侧重于个体和人群，主要关注行为与生活方式因素；健康促进则侧重于影响健康的社会、环境等方面的因素，其对象为社会和人群。此外，健康教育主要是知识、信念和行为的改变，而健康促进则包括健康教育和环境支持等多方面因素。

联系：健康教育是健康促进的核心组成部分，健康促进的实现需要健康教育的支持和推动。同时，健康促进也为健康教育提供了更广阔的社会环境和更有力的政策支持。

3. 与健康管理的协同作用

健康管理是指对个体或群体的健康进行全面监测、分析、评估、提供健康咨询和指导以及对健康危险因素进行干预的全过程。健康教育与健康管理在促进个体和群体健康方面具有协同作用：

前置引导作用：在健康管理的流程中，健康教育可以帮助个体清晰地了解自身健康状况以及相关风险因素产生的原因等，引导其重视后续的健康干预措施。

贯穿全程助力行为改变：在健康管理实施干预阶段，无论是饮食、运动还是心理等方面的干预，健康教育都通过持续地传授相应健康知识和技能，助力个体逐步养成健康的生活方式，提高其依从性。

反馈优化教育内容：健康管理过程中会收集到个体实际健康状况变化的数据以及对健康知识的掌握和应用情况等反馈，这些反馈可以用于优化健康教育的内容和方法。

二、健康教育的目标与内容

（一）提高公众健康意识与自我保健能力

1. 强化健康意识的重要性

健康意识是个体对自身健康状况的关注和认识，以及采取积极行动维护健康的意愿和能力。强化健康意识对于提高公众健康水平具有至关重要的作用。只有当人们意识到健康的重要性，并主动采取行动来维护自身健康时，才能有效地预防疾病、提高生活质量。

强化健康意识可以通过多种途径实现，如开展健康讲座、发放健康宣传资料、利用媒体进行健康知识普及等。这些活动可以帮助公众了解健康生活方式的相关知识，认识到不良生活习惯对健康的危害，从而激发他们积极采取行动来维护自身健康。

2. 自我保健能力的提高途径

自我保健能力是指个体在日常生活中采取积极措施来维护自身健康的能力。提高自我保健能力可以通过以下几个途径实现。

学习健康知识：通过阅读健康书籍、参加健康讲座等方式，了解基本的健康知识和常见疾病的预防方法。

培养健康生活方式：保持均衡的饮食、规律的作息、适量的运动等健康生活方式，有助于提高身体免疫力、预防疾病。

定期体检：定期进行身体检查，及时发现并处理潜在的健康问题。

学会自我调适：学会识别和管理压力源，采用冥想、瑜伽等放松技巧来缓解压力，保持心理健康。

（二）传播健康知识与技能，预防疾病

1. 健康知识普及的关键点

健康知识普及的关键点在于确保信息的准确性和易理解性。为了实现这一目标，需要采取以下几种措施。

使用通俗易懂的语言：避免使用过于专业的术语，用简单明了的语言解释健康知识。

结合真实案例：通过真实案例来阐述健康知识的重要性和实用性，增强对公众的说服力和认同感。

利用多种传播渠道：通过电视、广播、报纸、网络等多种渠道传播健康知识，确保信息的广泛覆盖和深入传播。

2. 健康技能的培养与实践

健康技能的培养与实践是提高公众健康水平的重要环节。以下是一些常见的健康技能及其培养方法。

急救技能：通过参加急救培训课程，学习心肺复苏、止血等急救措施，以便在紧急情况下能够迅速有效地采取行动。

健康饮食技能：学会合理搭配饮食，了解不同食物的营养成分和食用方法，以养成健康的饮食习惯。

运动技能：掌握一些基本的运动技巧和方法，如快走、慢跑、游泳等，以便在日常生活中能够坚持适量的运动。

为了实践这些健康技能，可以组织定期的急救演练、健康饮食比赛等活动，鼓励公众积极参与并实践所学技能。

3. 疾病预防的健康教育策略

疾病预防的健康教育策略旨在通过传播健康知识和技能来降低疾病的发病率。以下是一些有效的策略。

针对特定人群制订教育计划：根据不同人群的特点和需求，制订针对性的健康教育计划。例如，针对老年人可以重点讲解高血压、糖尿病等慢性病的预防知识；针对儿童可以重点强调疫苗接种、良好卫生习惯的重要性。

利用社区资源开展教育活动：充分利用社区资源，如社区卫生服务中心、公园、学校等场所，开展形式多样的健康教育活动。这些活动可以包括讲座、义诊、健康咨询等，以便让公众更方便地获取健康知识和服务。

倡导健康生活方式：积极倡导均衡饮食、适量运动、充足睡眠等健康生活方式，鼓励公众在日常生活中采取有效措施来维护自身健康。同时，通过媒体宣传、社会动员等方式，营造全社会关注健康、追求健康的良好氛围。

第二节　健康促进与疾病预防理论

一、健康促进的概念与原则

（一）健康促进的核心理念与策略

1. 健康促进的核心价值观

健康促进的核心价值观主要体现为对个体和群体健康权益的尊重和保障。健康权益是指每一个人享有获得和维持健康的权利，这包括身体、心理和社会健康。健康促进致力于通过创造有利于健康的环境和条件，使个体能够充分行使健康权益，从而提高整体健康水平。这一理念强调了健康不仅仅是个人的责任，更是社会、经济、政治等多个领域共同关注的结果。

此外，健康促进还强调预防胜于治疗的核心观念，即通过预防疾病的发生，减轻疾病的负担，从而提高整个人群的健康水平。这种理念体现了对健康的全面关注和长期投资，以及对医疗资源的合理利用。

2. 健康促进的策略与方法

健康促进的策略主要包括以下几个方面。

健康教育：通过传授正确的健康知识和行为规范，增强个体的健康意识和健康素质。这是健康促进的基础策略，有助于个体形成健康的生活方式和行为习惯。

制定健康政策：通过制定相关的健康政策和法规，推动社会各个层面的健康发展。这些政策可以涵盖公共卫生、医疗服务、环境保护等多个领域，为健康促进提供法律保障和政策支持。

改善健康环境：通过改善居住环境、工作环境和社区环境等，创造有利于健康的环境条件。这包括提供清洁的饮水和空气、建设安全的健身环境、营造积极的职场健康文化氛围等。

提供健康服务：通过建立健康服务机构和网络，为人们提供全面、便捷的健康服务，满足人们的健康需求。这包括医疗服务、健康管理、健康咨询等多个方面。

健康促进的方法更加具体和多样，如开展健康讲座、义诊活动、健康咨询等，以及利用媒体进行健康知识普及和宣传等。这些方法旨在增强公众的健康意识和健康素养，促进健康行为的形成和环境的改善。

（二）健康促进在健康教育中的应用

1. 健康促进在健康教育中的角色

健康促进在健康教育中扮演着至关重要的角色。它是健康教育的发展和延伸，为健康教育提供了更广阔的视野和更深入的内涵。健康促进不仅关注个体健康知识的普及和技能的培养，还注重社会、经济、政治等多个领域对健康的影响，以及健康政策的制定和环境的改善。因此，健康促进在健康教育中起到了主导和引领作用，为健康教育的有效实施提供了有力的支持。

2. 健康促进活动的组织与实施

健康促进活动的组织与实施需要多方面的协调和配合。以下是一些关键步骤。

明确目标：首先，需要明确健康促进活动的目标，包括增强公众的健康意识、改变不良的生活习惯、改善健康环境等。这些目标应该具体、可衡量，并符合当地的社会经济状况和公众需求。

制订计划：根据目标，制订详细的健康促进活动计划。这包括确定活动的内容、形式、时间、地点等，以及组织相关的专业人员和志愿者参与活动。

整合资源：整合政府、社区、企业等多方面的资源，为健康促进活动提供资金、物资和人力支持。另外，积极寻求合作伙伴，共同推动活动的实施。

宣传推广：通过各种渠道进行宣传推广，提高公众对活动的知晓率和参与度。这包括利用媒体进行宣传、在社区张贴海报、发放宣传资料等。

实施活动：按照计划实施健康促进活动，包括开展健康讲座、义诊活动、健康咨询等。在活动过程中，要密切关注公众的需求和反馈，及时调整活动内容和形式。

评估效果：活动结束后，对活动的效果进行评估和总结。这包括收集公众的意见和建议，分析活动的成果和不足，以便为今后的健康促进活动提供参考和改进方向。

二、疾病预防的理论与实践

（一）疾病预防的基本原则与方法

1. 疾病预防的科学基础

疾病预防的科学基础在于对疾病发生、发展和传播规律的深入理解和把握。这包括对病因、病理、流行病学等方面的研究，以及基于这些研究的预防策略和措施的制定。通过科学的方法和手段，可以有效地识别和控制疾病的危险因素，从而降低疾病的发病率和死亡率。

具体来说，疾病预防的科学基础包括以下几点。

病因学原理：了解疾病的病因是预防疾病的关键。病因可以是生物因素（如细菌、病毒）、物理因素（如辐射、高温）、化学因素（如有毒物质）或心理因素（如压力、抑郁）等。通过识别和控制病因，可以预防疾病的发生。

流行病学原理：流行病学是研究疾病在人群中分布、发生和传播的规律的科学。通过流行病学调查和研究，可以了解疾病的流行趋势、高危人群和危险因素等，为制定预防策略提供依据。

免疫学原理：免疫学是研究机体免疫系统功能和免疫应答机制的科学。通过免疫接种、提高机体免疫力等手段，可以预防感染性疾病的发生。

2. 疾病预防的实用方法

疾病预防的实用方法包括多种措施和手段，旨在降低疾病的发病率和死亡率。以下是一些常见的疾病预防方法。

控制传染源：对于感染性疾病，及时隔离和治疗传染源是预防疾病传播的重要措施。例如，对于流感患者，应尽早进行隔离和治疗，以减少病毒的传播。

切断传播途径：通过改善环境卫生、加强个人卫生习惯、使用防护用品等手段，可以切断疾病的传播途径。例如，勤洗手、戴口罩、保持室内空气流通等都可以有效预防呼吸道疾病的传播。

提高易感人群的免疫力：通过免疫接种、加强锻炼、合理膳食等方式，可以提高易感人群的免疫力，从而预防疾病的发生。例如，接种流感疫苗可以有效预防流感的发生。

健康教育：通过健康教育活动，提高公众对健康知识和疾病预防的认识，增强自我保护意识。这有助于人们形成健康的生活方式和行为习惯，从而预防疾病的发生。

（二）健康教育在疾病预防中的作用与效果评估

1. 健康教育在疾病预防中的具体应用

健康教育在疾病预防中扮演着至关重要的角色。通过健康教育活动，可以向公众传授健康知识和疾病预防技能，增强人们的健康意识和自我保护能力。以下是一些健康教育在疾病预防中的具体应用。

普及健康知识：通过讲座、宣传册、视频等形式，向公众普及健康知识，包括疾病的病因、传播途径、预防措施等。这有助于人们了解疾病的危害性和预防方法，从而采取积极的预防措施。

传授健康技能：通过培训和实践，向公众传授健康技能，如正确的洗手方法、戴口罩的技巧、合理膳食的搭配等。运用这些技能可以帮助人们在日常生活中有效预防疾病的发生。

倡导健康生活方式：通过健康教育活动，倡导健康的生活方式，如适量运动、合理膳食、保持充足的睡眠等。这有助于人们形成健康的生活习惯，提高身体素质和免疫力，从而预防疾病的发生。

2. 健康教育效果的评估方法

评估健康教育效果是确保健康教育活动有效性的重要手段。以下是一些常见的健康教育效果评估方法。

问卷调查：向参与者发放问卷，收集他们对健康教育活动的满意度、知识掌握程度、行为改变情况等信息。这有助于了解健康教育活动的实际效果和存在的问题。

观察法：观察参与者在健康教育活动前后的行为变化，评估健康教育活动的效果。例如，观察参与者在接受健康教育后是否养成了正确的洗手习惯。

访谈法：与参与者进行面对面的访谈，了解他们对健康教育活动的看法和意见，以及他们在日常生活中的行为改变情况。这有助于深入了解健康教育活动对参与者的影响。

3. 健康教育效果的提高策略

为了提高健康教育效果，可以采取以下几种策略。

加强健康教育内容的针对性和实用性：根据目标人群的特点和需求，制定针对性的健康教育内容，确保内容的实用性和可操作性。这有助于提高参与者的兴趣和参与度，从而增强健康教育效果。

采用多样化的健康教育形式：利用讲座、宣传册、视频、社交媒体等多种形式进行健康教育，以满足不同人群的需求和喜好。这有助于扩大健康教育活动的覆盖面和影响力，提高健康教育效果。

加强健康教育活动的组织和实施：确保健康教育活动的组织和实施过程规范、有序，注重与参与者的互动和交流。这有助于增强参与者的参与感和归属感，从而提高健康教育效果。

建立健康教育效果评估机制：定期对健康教育活动进行评估和反馈，及时发现问题和不足，并采取相应的改进措施。这有助于不断优化健康教育活动的内容和形式，提高健康教育效果。

第三节　行为改变理论在健康教育中的应用

一、行为改变理论概述

（一）行为改变理论的主要流派与特点

1. 认知行为理论

认知行为理论的主要观点如下。

认知行为理论强调个体的认知过程（如思维、信念、态度等）在行为产生和改变中的核心作用。它认为，不良的行为和情绪反应往往缘于扭曲或错误的认知模式。因此，通过改变这些认知模式，可以调整行为和情绪。

认知行为理论有以下特点。

强调认知与行为的互动：认知行为理论认为，认知和行为是相互影响的，改变认知可以改变行为，反之亦然。

注重当前问题：该理论关注个体当前的问题和行为，而不是过去的经历或潜在的深层心理原因。

结构化方法：认知行为理论采用一系列结构化的技术和方法来帮助个体识别和改变不良的认知模式，如自我反思、认知重构等。

2. 社会学习理论

社会学习理论的主要观点如下。

社会学习理论，也称为观察学习理论，认为个体通过观察他人的行为及其结果来学习新的行为模式。该理论强调模仿、榜样和社会环境在行为学习中的重要性。

社会学习理论有如下特点。

观察与模仿：个体通过观察他人的行为及其后果来学习新的行为，模仿是行为学习的重要途径。

强化与惩罚：社会学习理论重视强化（奖励）和惩罚在行为学习中的作用，正强化可以增加行为的出现频率，而惩罚则减少不良行为。

社会环境影响：该理论认为，社会环境对个体的行为学习具有重要影响，包括家庭、朋友、文化等因素。

3. 其他重要流派及其特点

除了认知行为理论和社会学习理论外，行为改变理论还包括以下重要流派。

健康信念模型：强调个体对健康的信念和态度对行为改变的影响。它认为，个体只有感知到某种健康行为的益处大于障碍时，才会采取行动。

计划行为理论：该理论提出了一个行为改变的模型，包括态度、主观规范、感知行为控制等预测变量，以及行为意向和实际行为。它强调意图在行为改变中的核心作用。

阶段变化模型：将行为改变过程划分为不同的阶段，每个阶段都有不同的需求和干预策略。它认为，行为改变是一个渐进的过程，需要根据不同的阶段采取不同的措施。

这些流派各有特点，共同构成了行为改变理论的丰富体系。

（二）行为改变理论在健康教育中的应用价值

1. 提高健康教育的实效性

行为改变理论在健康教育中的应用可以显著提高其实效性。通过了解个体的认知模式、学习方式和行为改变的阶段，健康教育工作者可以制定更有针对性和有效的教育策略。例如，针对处于不同行为改变阶段的个体，可以采取不同的干预措施，以更好地促进其行为改变。此外，行为改变理论还可以帮助健康教育工作者识别和解决个体在行为改变过程中遇到的障碍和挑战，从而提高健康教育的成功率和满意度。

2. 促进健康行为的形成与维持

行为改变理论在健康教育中的另一个重要应用价值是促进健康行为的形成与维持。通过教育和引导个体树立正确的健康信念和态度，以及提供有效的行为改变技巧和方法，可以帮助个体形成积极的健康行为模式，并长期维持这些行为。例如，通过认知行为理论的指导，个体能够学会识别和改变不良的认知模式，从而调整自己的行为方式；通过对社会学习理论的运用，个体能够观察和学习他人的健康行为模式，并模仿这些行为，改变自己的行为习惯。这些都有助于个体形成和维持健康的生活方式，提高生活质量。

二、行为改变理论在健康教育中的具体应用

（一）认知—行为疗法在心理健康教育中的应用

1. 认知—行为疗法的基本原理

认知—行为疗法（Cognitive-Behavioral Therapy，CBT）是一种心理治疗方法，它认为人们的情绪和行为是由他们的思维方式所决定的。CBT 通过帮助个体识别并改变不良的思维模式和行为习惯，从而缓解和治疗各种心理问题。CBT 的核心理念包括以下几个方面。

人们的情绪和行为受到思维方式的影响，不良的思维方式会导致负面情绪和行为。

通过改变不良的思维方式，可以改变负面情绪和行为。

CBT 的基本步骤通常包括问题识别和目标设定、思维方式和行为习惯的挑

战与改变、新行为方式和应对策略的尝试与实践，以及新的认知和行为模式的巩固。

2. 心理健康教育中的具体应用案例

在心理健康教育中，CBT 被广泛应用于改善学生的情绪障碍、增强自我认知、提高问题解决能力和人际关系质量等方面。例如，针对有抑郁症状的学生，CBT 可以帮助他们识别和挑战消极的思维模式，学会用更现实、更积极的方式来看待问题，从而有效减少负面情绪，提高生活质量。同时，CBT 还可以教授学生一系列实用的技巧，如时间管理、目标设定等，帮助他们更有效地解决问题，减少逃避和拖延行为。

3. 应用效果与反思

CBT 在心理健康教育中的应用效果显著，能够帮助学生改善情绪状态，提高自我认知和问题解决能力，增强心理韧性。然而，在应用过程中也需要注意一些问题，如学生的参与度、治疗师的专业素养以及 CBT 的个性化调整等。为了提高 CBT 的应用效果，需要确保学生积极参与治疗过程，治疗师需要具备专业的知识和技能，并根据学生的具体情况进行个性化的调整。

（二）社会学习理论在健康行为养成中的应用

1. 社会学习理论的基本原理

社会学习理论是心理学领域的重要理论之一，它强调观察学习和社会环境对个体行为的影响。这一理论认为，人们可以通过观察他人的行为及其结果来学习新行为，而无须亲身经历这些行为带来的后果。社会学习理论的主要论点包括：人的行为是内部过程和外界影响相互作用的结果；人能积极地接受外界刺激，并据此调节自己的行为；人的思想、感情和行为既受直接经验的影响，也受观察的影响。

2. 健康行为养成中的具体应用策略

在健康行为养成中，社会学习理论的应用策略主要包括提供积极榜样、鼓励模仿学习、营造支持性环境等。例如，在减肥计划中，可以通过提供成功减肥者的案例作为榜样，鼓励个体模仿他们的健康饮食习惯和运动习惯。同时，家庭和学校等环境也可以营造支持性氛围，如提供健康饮食选择、鼓励运动等，以促进个体形成健康行为。

3. 实际应用中的挑战与解决方案

在实际应用中，社会学习理论面临的主要挑战包括个体差异、环境限制以及观察学习的有效性等。为了克服这些挑战，可以采取以下几个解决方案：

针对个体差异，提供个性化的榜样和指导，以满足不同个体的需求。

改善环境限制，如提供健康饮食和运动设施等，以促进健康行为的实施。

提高观察学习的有效性，如通过角色扮演、模拟演练等方式，增强个体对榜样行为的模仿和学习能力。

第四节 高校健康教育与体育教育的关系

一、高校健康教育与体育教育的关系概述

（一）两者的紧密联系

1. 共同的教育目标

高校健康教育旨在通过全面的健康知识和生活方式教育，促进学生身心健康，提高生活质量。这一目标与体育教育增强体质、培养健康生活方式的宗旨高度一致。体育教育通过具体的运动实践，加深学生对健康知识的理解，使健康理念更加深入人心，从而帮助学生形成更加健康的生活方式。

2. 内容上的互补性

健康教育涵盖了营养、心理健康、疾病预防等多个方面，为学生提供了全面的健康知识。这些知识为体育教育中的科学锻炼提供了理论基础。体育教育则通过各种体育活动和锻炼，增强学生的身体素质，提高身体机能，为健康教育的实施提供了实践平台。

3. 相互促进的作用机制

健康教育中的健康知识传播，有助于提高学生对体育锻炼重要性的认识，激发其参与体育活动的积极性。体育教育中的体育锻炼，不仅能够增强体质，还能有效缓解压力，提高心理素质，为健康教育中的心理健康教育提供实践支持。

（二）两者的显著区别

1. 教育侧重点的差异

健康教育更侧重于健康知识的普及和健康行为的养成，注重预防保健和健康生活方式的培养。体育教育则更侧重于身体素质的提高和运动技能的培养，注重通过体育活动来锻炼学生的身体和意志。

2. 实施方式的不同

健康教育通常采用课堂讲授、专题讲座、健康咨询等方式，强调理论知识的传授和健康意识的培养。体育教育则主要采用体育课程、课外体育活动、体育竞赛等形式，强调实践操作和亲身体验，注重培养学生的团队合作精神、竞争意识和体育道德。

3. 效果评估标准的区别

健康教育的评估标准更多关注学生健康知识的掌握程度、健康行为的改变以及心理健康状况的改善。体育教育的评估标准则更多关注学生身体素质的提高、运动技能的掌握以及体育精神的培养。

二、高校健康教育与体育教育关系的重要性体现

（一）对学生全面发展的意义

1. 促进身心健康

健康教育和体育教育的紧密结合，有助于学生全面了解健康知识，形成健康的生活习惯，同时通过体育锻炼增强体质，提高身心健康水平。这种结合还能够针对学生的个体差异，提供个性化的健康指导和体育锻炼建议，满足不同学生的需求。

2. 提高综合素质

健康教育和体育教育的共同实施，不仅能够提高学生的身体素质，还能够培养他们的心理调适能力、团队协作能力和竞技精神，从而全面提高学生的综合素质。

3. 培养终身学习的习惯

通过健康教育和体育教育的结合，学生能够深刻认识到健康和体育锻炼

的重要性，从而在未来的生活中继续保持这种良好的习惯，实现终身学习和发展。

（二）对高校教育改革的推动作用

1. 促进教育理念的更新

健康教育和体育教育的结合，反映了现代教育理念的转变，即从单一的知识传授向全面的素质教育转变。这种转变有助于推动高校教育理念的更新，更加注重学生的全面发展。

2. 推动课程体系的创新

为了实现健康教育和体育教育的有效融合，高校需要不断探索新的课程体系和教学方法。这种创新不仅能够丰富教育资源，还能够提高教学效果，为学生的全面发展提供更好的支持。

3. 提高教育质量

健康教育和体育教育的结合，有助于提高高校的教育质量。通过提供更加全面、个性化的教育服务，高校能够更好地满足学生的需求，培养更多具有创新精神和实践能力的人才。

第五节 体育健康教育对高校学生的影响

一、体育健康教育对高校学生的积极影响

（一）促进身体健康

1. 增强体质与免疫力

体育健康教育通过多样化的体育活动和锻炼计划，有效增强了学生的体质。定期参与体育锻炼能够提高心肺功能，增强肌肉力量，改善身体柔韧性和协调性。这些变化不仅有助于学生更好地应对日常学习和生活中的各种挑战，还能增强其免疫系统功能，降低生病的概率，从而提高整体生活质量。例如，有氧运动如跑步、游泳等能够提高心肺耐力，而力量训练则能提高肌肉和骨骼强度，为学生打下坚实的健康基础。

2. 培养健康生活习惯

体育健康教育不仅关注学生在校期间的体育锻炼，更致力于培养其长期的健康生活习惯。通过课程教学和实践活动，学生能够了解到均衡饮食、充足睡眠、适量运动等健康生活方式的重要性，并逐渐将其融入日常生活中。这种习惯的养成对于预防慢性疾病、提高生活质量具有重要意义。例如，通过学习营养知识，学生能够合理搭配饮食，避免过度摄入高糖、高脂肪食物，从而保持健康的体重和良好的身体状态。

（二）提高心理健康水平

1. 缓解压力与焦虑

面对学业压力、人际关系等多重挑战，许多高校学生承受着较大的心理压力。体育健康教育通过提供多样化的体育活动，为学生提供了一个有效的压力释放渠道。在运动过程中，身体会分泌内啡肽等激素，这些物质能够有效缓解压力、改善心情，使学生更加积极乐观地面对生活中的困难。例如，参加篮球、足球等团队运动，学生能够在激烈的比赛中暂时忘却烦恼，同时享受运动带来的乐趣和成就感。

2. 增强自信心与自尊心

体育健康教育通过鼓励学生参与体育活动和锻炼，帮助他们发现自己的潜能和优势，从而增强自信心和自尊心。当学生在体育锻炼中取得进步或成就时，会得到自我认同和他人的赞赏，这有助于他们建立积极的自我形象。此外，体育运动还能培养学生的毅力和坚韧不拔的精神，使他们在面对困难时更加自信和坚定。例如，通过不断练习和挑战自我，学生能够逐渐掌握新的运动技能，获得成就感，这种成就感会激发他们的自信心和动力。

二、体育健康教育对高校学生的潜在挑战

（一）资源分配不均

1. 设施与师资不足

尽管许多高校已经认识到体育健康教育的重要性，但在实际操作中，仍面临着资源分配不均的问题。一些高校的体育设施陈旧、设备不全，无法满足学

生的多样化需求。同时，体育教师的数量和质量也存在不足，导致教学质量和效果受到影响。这些问题限制了学生参与体育活动的积极性和效果，使体育健康教育难以充分发挥其应有的作用。

2. 地区差异明显

不同地区的高校在体育健康教育方面也存在差异。一些经济发达地区的高校能够投入更多的资金和资源用于体育设施建设和教学改革，而一些经济欠发达地区的高校则面临更多的困难和挑战。这种地区差异导致了高校体育健康教育发展的不平衡，影响了整体教育质量和效果。

（二）教学内容单一

1. 缺乏多样性与创新性

当前，一些高校的体育健康教育内容较为单一，缺乏多样性和创新性。教学内容往往局限于传统的体育项目和锻炼方式，难以激发学生的兴趣和积极性。同时，随着时代的发展和社会的进步，学生的需求和兴趣也发生了变化，但一些高校的体育健康教育却未能及时跟上时代的步伐，导致教学内容与学生的实际需求脱节。

2. 忽视理论与实践相结合

在体育健康教育中，理论知识和实践技能同样重要。然而，一些高校在教学中过于注重对实践技能的培养，而忽视了对理论知识的传授和讲解。这导致学生虽然掌握了一定的运动技能，但却缺乏对运动原理、健康知识等理论知识的了解和认识，难以将所学知识应用到实际生活中去。

第四章　体育文化与健康教育

第一节　体育活动对健康的影响

一、体育活动对身体健康的促进作用

（一）增强心肺功能，提高身体素质

1. 心肺功能的提高机制

心肺功能的提高主要依赖于规律性的体育活动。这些活动能够增强心脏肌肉的力量，提高心脏泵血效率，使心脏能够更有效地将血液输送到全身各个部位。同时，它们还能促进肺部功能的改善，提高肺活量，使肺部能够更充分地吸入氧气并排出二氧化碳。具体来说，有氧运动如慢跑、游泳、骑自行车等，是提高心肺功能的有效方式。这些运动能够刺激心肺系统，使其逐渐适应更高的工作负荷，从而达到提高心肺功能的目的。

2. 身体素质改善的表现

（1）力量、耐力、柔韧性的增强

力量：心肺功能的提高有助于肌肉获得更多的氧气和营养物质，从而增强肌肉的力量。这使个体能够更轻松地进行日常活动或运动。

耐力：心肺功能的改善意味着个体能够更长时间地进行体力活动而不感到疲劳。这是因为心脏和肺部能够更有效地提供氧气和营养物质，同时更有效地排除废物。

柔韧性：虽然心肺功能与柔韧性没有直接关系，但规律性的体育活动通常也会包括一些拉伸和放松练习，这些练习有助于改善身体的柔韧性。

（2）身体协调性与平衡性的提高

协调性：心肺功能的提高有助于改善神经系统的功能，从而提高身体的协调性。这使得个体在进行复杂动作时能够更准确地控制身体各个部位的运动。

平衡性：同样地，心肺功能的改善也有助于提高身体的平衡性。这是因为心肺功能的提高有助于改善血液循环，使身体各个部位得到更充足的氧气和营养物质供应，从而增强身体的稳定性和平衡性。

（二）预防慢性疾病，延长寿命

1. 体育活动对心血管疾病的预防作用

体育活动对心血管疾病的预防作用显著。适量的有氧运动能够增强心脏肌肉的力量，提高心脏泵血效率，从而降低心脏病发作的风险。运动还能帮助降低血压、减轻心脏负担，使静息时的血压水平得到有效控制。此外，运动还有助于降低体内的胆固醇和甘油三酯水平，减少动脉硬化和血栓形成的风险，从而保护心血管系统的健康。

2. 体育活动对糖尿病、高血压等慢性疾病的控制效果

糖尿病：适量的运动能够促进脂肪代谢，消耗体内多余的脂肪，并促进机体的新陈代谢。这对于糖尿病患者来说尤为重要，因为高血糖的发生多与肥胖等因素有关。通过运动控制体重，可以在一定程度上有利于疾病的恢复。

高血压：长期坚持适量的运动，如慢跑、打太极拳等，能够在一定程度上加快血液循环的速度，从而减轻给血管带来的损伤，有助于控制血压水平。

3. 体育活动与寿命延长之间的科学联系

多项研究表明，体育活动与寿命延长之间存在明确的正相关关系。通过积极参与中等至高强度的体育活动，可以显著提高个体的生命质量与预期寿命。《英国运动医学杂志》发布的研究指出，如果 40 岁以上的人群能够达到目前最活跃的 25%人群的锻炼水平，他们的平均预期寿命将延长 5 年。这一发现凸显了体育锻炼在健康和长寿中的关键作用。

二、体育活动对心理健康的积极影响

（一）缓解压力，改善情绪状态

1. 体育活动的情绪调节作用

体育活动在情绪调节方面发挥着重要作用。在运动时，身体会产生多种神经递质，如多巴胺、内啡肽和血清素等，这些被称为“快乐激素”的化学物质对情绪具有调节作用。多巴胺的释放可以引发愉悦感，提高幸福感；内啡肽则有助于减轻疼痛和压力，提高情绪稳定性；血清素则有助于调节睡眠和食欲，也对情绪有积极的影响。这些神经递质的增加，使得人们在运动后感到更加愉快和放松。

此外，体育活动还能帮助人们分散注意力，从日常生活的压力和烦恼中暂时解脱出来。在锻炼时，人们需要专注于身体活动的感受和动作，这有助于暂时摆脱烦恼和困扰，使思维放松。同时，运动还能提高大脑的灵活性，使大脑能够更快地适应新的环境和任务，从而改善心理状态。

2. 体育活动对焦虑、抑郁等负面情绪的缓解效果

体育活动被广泛认为是治疗抑郁和焦虑的有效方式之一。通过促使大脑释放多巴胺、内啡肽等化学物质，体育活动能够改善心理状态，缓解抑郁和焦虑的症状。研究发现，定期参与体育活动的个体，其抑郁和焦虑水平显著降低。

对于焦虑症患者来说，适当的体育活动如慢跑、游泳、瑜伽等，可以帮助他们缓解紧张情绪，减轻焦虑症状。这些运动能够刺激全身的血液流动，加速新陈代谢，一旦体内的废气被排除，身心就会感到放松。同时，运动还能改善睡眠质量，进一步缓解焦虑情绪。

对于抑郁症患者而言，体育活动同样具有积极的治疗作用。通过参与团队运动或社交性质的运动活动，患者可以获得社交支持和情感支持，这对心理健康是有益的。此外，运动要求规律性和纪律性，这有助于建立健康的生活习惯和日常结构，从而帮助患者更好地应对抑郁带来的挑战。

（二）提高自信心与社交能力

1. 体育活动中自信心的培养机制

体育活动是提高自信心的重要途径之一。通过参与体育活动，个体可以不断挑战自我、超越自我，从而获得成就感和自信心。在运动过程中，个体需要克服各种困难和挑战，这些经历能够增强人的意志力和自信心。同时，当个体看到自己的运动技能不断提高时，会对自己的能力产生更积极的评价，进而提高自信心。

此外，体育活动中的竞争和合作元素也有助于培养自信心。在竞争中，个体需要展现出自己的实力和技能，以获得胜利和认可。这种经历能够增强个体的自信心和自尊心。而在合作中，个体需要与队友共同努力、相互支持，以实现共同目标。这种团队精神同样能够提高个体的自信心和归属感。

2. 体育活动对社交技能的促进作用

（1）团队协作与沟通能力的提高

体育活动中的团队合作能够显著提高个体的沟通能力和团队协作能力。在团队运动中，队员之间需要进行有效的沟通以制定战术、协调动作和分享信息。这种沟通练习不仅有助于提高个体的语言表达能力，还能增强他们的倾听和理解能力。同时，团队合作要求个体学会在团队中发挥自己的作用，与他人协作以实现共同目标。这种经历能够培养个体的团队协作精神和责任感。

（2）领导力的培养与展现

体育活动也是培养领导力的重要平台。在团队运动中，个体有机会扮演领导角色，指导队友、制定战术并做出决策。这种经历能够锻炼个体的领导能力和决策能力，使他们学会如何在复杂情况下做出正确的判断并带领团队前进。同时，通过展现自己的领导力和才能，个体还能获得队友的认可和尊重，进一步提高自信心和自尊心。

第二节　体育文化在健康教育中的作用

一、体育文化对健康教育理念的塑造

（一）体育精神与健康观念的融合

1. 体育精神的内涵与特点

体育精神是体育的整体面貌、公平、公正、公开、特色及凝聚力、感染力和号召力的综合反映。它是体育运动中所蕴含的对人的发展具有启迪和影响作用的有价值的思想作风和意识，是体育行为的动力源泉，是一种心理资源，也是一种规范力量。体育精神的特点在于其能动性，它内化为人类心中的一种信念和追求，对体育实践活动起着导向作用，并决定了体育文化模式的选择。例如，奥林匹克精神强调“更高，更快，更强，更团结”，这体现了拼搏与进取的精神。

2. 健康观念在体育精神中的体现

健康观念在体育精神中得到了充分的体现。体育精神不仅追求身体上的强健，更强调身心的和谐与全面发展。在体育运动中，人们通过锻炼来增强体质，提高抗挫折能力和适应社会的本领，这正是健康观念所倡导的。同时，体育精神中的公平竞争、团队协作等原则也有助于培养人们的健康心态和道德素质。

3. 体育精神与健康观念相互促进

体育精神与健康观念之间存在着相互促进的关系。一方面，体育精神能够激发人们对健康的追求和热爱。通过参与体育运动，人们能够感受到身体的变化和进步，从而更加珍惜和关注自己的健康。另一方面，健康观念的提高也能够促进体育精神的发展。人们意识到健康的重要性以后，会更加积极地参与体育运动，培养坚韧不拔、勇于拼搏的体育精神。这种相互促进的关系使体育精神与健康观念在人们的日常生活中发挥着越来越重要的作用。

（二）体育文化在健康教育中的传播与影响

1. 体育文化在健康教育中的传播方式

体育文化在健康教育中的传播方式多种多样。首先，学校教育是体育文化传播的重要渠道。通过体育课程、体育竞赛、体育讲座等形式，学生可以深入了解体育文化的内涵和价值，培养对体育的兴趣和爱好。其次，媒体传播也是体育文化传播的重要方式。电视、广播、报纸、网络等媒体平台可以广泛传播体育赛事、体育人物、体育知识等信息，提高公众对体育文化的认知度和参与度。此外，社区体育、家庭体育等也是体育文化传播的重要途径。通过组织社区体育活动、家庭运动会等形式，可以增进邻里之间的友谊和团结，推动体育文化的普及和发展。

2. 体育文化对健康教育效果的增强作用

体育文化对健康教育效果的增强作用主要体现在以下几个方面。

（1）增强健康意识：体育文化通过传播健康的生活方式和运动习惯，可以增强人们的健康意识。人们通过了解体育文化的内涵和价值，能够更加积极地参与体育运动，保持身体健康。

（2）培养健康行为：体育文化中的公平竞争、团队协作等原则有助于培养人们的健康行为。在参与体育运动的过程中，人们需要遵守规则、尊重对手、团结协作，这些行为都有助于形成健康的生活方式和良好的社会风尚。

（3）增强心理素质：体育文化中的拼搏精神和坚韧不拔的品质可以增强人们的心理素质。通过参与体育运动，人们可以学会面对困难和挑战时的应对方法，提高抗压能力和自信心。

（4）促进身心健康：体育文化对身心健康的促进作用不容忽视。通过参与体育运动，人们可以释放压力、缓解疲劳、改善睡眠质量等，保持身心健康。

二、体育文化在健康教育实践中的应用

（一）体育课程与健康教育的结合

1. 体育课程内容的健康教育导向

体育课程内容的健康教育导向主要体现在以下几个方面。

强化健康意识：体育课程通过教授运动技能和锻炼方法，使学生了解运动对身体健康的重要性，从而培养学生的健康意识和运动习惯。

传授健康知识：在体育课程中，教师可以结合运动实践，向学生传授有关人体生理、心理、营养等方面的健康知识，帮助学生建立科学的健康观念。

培养健康行为：体育课程通过组织各种体育活动和比赛，使学生能够亲身体验运动的乐趣，从而激发他们对运动的热爱和坚持，形成健康的生活方式。

2. 体育课程与健康教育的融合策略

为了实现体育课程与健康教育的有效融合，可以采取以下策略。

课程整合：将健康教育的内容融入体育课程中，形成综合性的体育课程。例如，在教授球类运动时，可以同时讲解运动前的热身活动、运动中的防护措施以及运动后的放松方法，使学生了解运动与健康的密切关系。

情境教学：通过模拟真实的运动场景，让学生在情境中学习和体验健康知识。例如，在教授急救知识时，可以设置模拟运动损伤的情境，让学生学习如何正确地进行急救处理。

互动教学：鼓励学生参与体育课程的互动环节，如小组讨论、角色扮演等，以提高他们的学习兴趣和参与度。同时，教师可以通过互动教学了解学生的学习情况，及时调整教学策略。

（二）体育赛事与健康宣传的联动

1. 体育赛事对健康宣传的推动作用

体育赛事对健康宣传的推动作用主要体现在以下几个方面。

提高关注度：体育赛事通常具有较高的关注度和影响力，能够吸引大量观众和媒体的关注。利用这一优势，可以在体育赛事中融入健康宣传元素，提高公众对健康问题的关注度。

增强传播效果：体育赛事的直播、转播和报道等传播方式具有广泛的覆盖面和高效的传播效果。通过体育赛事平台宣传健康知识，可以迅速将健康理念传递给广大观众。

促进健康行为：体育赛事中的运动员往往具有积极向上的形象和健康的体魄，他们的言行举止对观众具有示范和引领作用。通过体育赛事宣传健康知识，可以激发观众对健康行为的向往和追求。

2. 健康宣传在体育赛事中的融入方式

健康宣传在体育赛事中的融入方式包括以下几种。

现场宣传：在体育赛事现场设置健康宣传展板、发放健康宣传资料等，向观众传递健康知识和理念。

媒体宣传：利用体育赛事的直播、转播和报道等媒体资源，插入健康宣传内容，如运动员的健康生活方式、健康饮食建议等。

互动环节：在体育赛事中设置健康知识问答、健康挑战等互动环节，让观众在参与中学习健康知识。

合作推广：与体育赛事主办方、赞助商等合作，共同推广健康理念和产品，形成健康宣传的合力。

第三节　两者相互促进的案例分析

一、学校体育文化与健康教育的融合实践

（一）校园体育文化的构建与健康教育的实施

1. 校园体育文化的特点与构建策略

校园体育文化的特点如下。

校园体育文化具有全面性、融合性、创新性和参与性四大特点。全面性体现在既重视体育技能的传授，也强调体育精神的培育与体育习惯的养成；融合性体现在推动体育教育与其他学科及校园日常生活的深度融合；创新性体现在持续探索新颖的活动形式与教学模式；参与性体现在鼓励全校师生全员参与，营造人人享受体育乐趣的氛围。

校园体育文化的构建策略如下。

完善体育基础设施：全面优化体育设施布局，打造涵盖多元化运动场所的综合体育空间，如标准化篮球场、足球场、多功能室内体育馆等，并重视体育设施的定期更新与维护工作。

丰富体育课程内容：深入考量学生的年龄层次、兴趣偏好及身心发展轨迹，

精心设计多元化的体育课程体系，如足球、篮球、排球等，并融合体育文化精髓，给学生传授精湛的运动技艺和体育精神。

举办体育竞赛与活动：通过组织各类体育竞赛和多元活动，如运动会、体育知识讲座、体育技能比拼等，激发学生的体育兴趣和热情，推动校园体育文化的深入发展。

2. 健康教育在校园体育文化中的融入路径

将健康教育理念融入体育课程：在体育教学中融入全面、系统的健康教育内容，指导学生深度理解健康的丰富内涵和体育锻炼与健康状态之间的密切联系。

推广科学体育锻炼技巧：通过体育教育，传授科学的体育锻炼方法与技能，提高学生的身体素质和健康水平，并培养他们的健康意识和行为模式。

充实运动损伤预防知识储备：在体育课程中涵盖关于常见运动损伤和运动性疾病的相关健康知识，增加学生的预防措施、急救手段和康复方法等方面的知识储备。

（二）学生健康素养的提高与体育文化的传承

1. 学生健康素养的培养目标与方法

学生健康素养的培养目标包括：培养学生的健康意识、健康知识和健康行为，使他们具备维护自身健康的能力，形成良好的生活习惯和生活方式。

学生健康素养的培养方法包括以下几种。

开设健康教育课程：通过系统的健康教育课程，向学生传授健康知识和技能，提高他们的健康素养。

组织健康实践活动：结合校园体育文化，组织各类健康实践活动，如健康讲座、健康知识竞赛等，让学生在实践中学习和体验健康知识。

培养健康生活方式：通过体育教育引导学生形成积极健康的生活方式，如合理饮食、规律作息、适量运动等。

2. 体育文化在学生健康素养提高中的作用

体育文化在学生健康素养提高中发挥着重要作用。一方面，体育活动能够强健学生体质，提高他们的身体素质；另一方面，体育竞赛和活动能够培养学生的团队合作精神、社交能力和抗压能力等健康素养。此外，体育文化所蕴含的拼搏精神、公平竞争等价值观也有助于塑造学生的健全人格和积极心态。

3. 体育文化的传承与学生健康素养的相互促进

体育文化的传承能够提高学生健康素养：通过传承体育文化中的健康理念、运动技能和体育精神，可以培养学生的健康意识和行为模式，提高他们的健康素养。

学生健康素养的提高有助于体育文化的传承：具备较高健康素养的学生能够更好地理解和实践体育文化中的健康理念和运动技能，从而推动体育文化的传承和发展。

二、社区体育文化与健康教育的协同发展

（一）社区体育设施的完善与健康教育的普及

1. 社区体育设施的建设与规划

社区体育设施的建设与规划是提高社区居民身体素质、增进邻里和睦关系、丰富居民业余生活的重要一环。其建设与规划过程通常包括以下几个关键步骤。

调研与评估：通过问卷调查、访谈等方式，了解社区居民对公共体育设施的需求，评估现有设施的状况，确定建设规模和功能需求。这一步骤有助于确保设施的建设符合居民的实际需求。

规划设计：根据调研与评估结果，进行公共体育设施的规划设计，包括选址、规模、功能布局、设施配置等。规划设计方案应确保设施的功能完善、布局合理，以提高设施的使用效率。

建设施工：依据规划设计方案，进行公共体育设施的建设施工。在施工过程中，应严格把控质量关，确保设施的安全、舒适、耐用。

设施管理：制定公共体育设施的管理制度，明确管理责任主体，加强设施的日常维护和管理。这有助于确保设施的正常运行，延长设施的使用寿命。

此外，在建设过程中还应注重创新规划设计理念，结合社区特色，打造具有鲜明特色的公共体育设施。同时，加强与政府部门、企事业单位的沟通与合作，为公共体育设施的建设提供政策支持和资金保障。

2. 健康教育在社区体育设施中的普及策略

健康教育在社区体育设施中的普及对于提高居民的健康素养、促进居民养成良好的运动习惯具有重要意义。以下是一些有效的普及策略。

制作并发放宣传手册：在社区体育设施内或周边区域发放健康宣传手册，宣传手册的内容包括体育健康的重要性、常见运动项目的介绍、运动注意事项等。这有助于居民在了解健康知识的同时，更好地利用体育设施进行锻炼。

举办健康讲座：邀请专业的体育教练、医生等，在社区体育设施内定期举办健康讲座，主题涵盖运动与健康、营养与健康、常见疾病的预防等。通过讲座的形式，向居民传授科学的体育锻炼方法和健康知识。

利用社区宣传栏和电子屏：在社区体育设施内或周边区域的宣传栏和电子屏上展示与体育健康相关的知识和信息，定期更新内容。这有助于居民在锻炼过程中随时获取健康知识，增强健康意识。

（二）社区居民健康行为的养成与体育文化的传播

1. 社区居民健康行为的引导与培养

引导与培养社区居民健康行为是提高居民生活质量、预防慢性疾病的重要途径。以下是一些有效的引导与培养策略。

举办社区运动会：设置跑步、跳绳、羽毛球、乒乓球等比赛项目，鼓励居民积极参与。通过运动会的形式，激发居民的体育热情，培养健康的生活习惯。

开展健身打卡活动：鼓励居民每天进行一定量的运动，并在指定平台上打卡记录。连续打卡达到一定天数的居民可以获得相应的奖励。这有助于居民养成坚持锻炼的习惯。

组织健身操、瑜伽等集体活动：邀请专业教练指导，定期在社区广场或活动中心开展健身操、瑜伽等集体活动，增强居民的团队意识和归属感，同时促进健康行为的养成。

2. 体育文化在社区居民健康行为养成中的作用

体育文化在社区居民健康行为养成中发挥着重要作用。它不仅能够激发居民的体育热情，提高居民的身心健康水平，还能够促进社区居民之间的交流与互动，增进彼此的了解与友谊。通过体育文化的传播和普及，居民能够更加深入地了解体育运动的价值和意义，从而更加积极地参与到体育锻炼中来。

3. 体育文化的传播与社区居民健康行为的相互促进

体育文化的传播与社区居民健康行为之间存在着相互促进的关系。一方面，体育文化的传播能够激发居民的体育热情，提高居民的身心健康水平，从而促进健康行为的养成。另一方面，居民健康行为的养成又能够进一步推动体育文化的传播和发展。通过举办各类体育活动、健康讲座等形式，不仅能够向居民传授科学的体育锻炼方法和健康知识，还能够增强居民对体育文化的认同感和归属感。这种相互促进的关系有助于在社区内营造良好的体育氛围和健康环境。

第五章　学校体育文化的构建与实践

第一节　校园体育文化的育人特质解析

一、学校体育文化的定义与构成

（一）学校体育文化的内涵与外延

1. 学校体育文化的核心意义

学校体育文化是校园文化和体育文化两者相互影响、融合、渗透、促进而发展起来的，是在一定社会政治、经济、文化、教育、体育等条件下，由学校广大师生在实践过程中共同创造的体育精神和财富的总和。其核心意义在于：

它是校园文化的重要组成部分，与校园德育、智育、美育文化等共同构成了校园文化群。

它体现了学校体育教育的精神内涵，包括体育精神、体育的价值观念、体育道德和体育能力等，是学校这一特殊社群的体育群体意识。

它倡导积极的生活方式和健康意识，鼓励学生参与体育运动，培养良好的身体素质和健康习惯。

2. 学校体育文化的广泛影响

学校体育文化的影响是广泛而深远的，具体表现在以下三方面。

对于学生个人而言，学校体育文化有助于培养学生的团队合作精神、沟通能力和协作能力，以及公平竞争和诚实守规则的意识。同时，通过体育锻炼，学生可以培养坚持不懈、勇往直前的精神，面对挑战时不畏艰难，追求卓越。

对于学校而言，学校体育文化有助于提高学校的整体文化氛围和人文气息，增强学校的凝聚力和向心力。此外，通过组织各类体育活动和赛事，学校可以展示自身的体育实力和文化底蕴，提高学校的知名度和影响力。

对于社会而言，学校体育文化有助于推动全民健身运动的开展，提高全民健康水平。同时，它还可以弘扬民族体育精神和传统文化，增强民族自豪感和凝聚力。

（二）学校体育文化的构成要素与特点

1. 体育精神与价值观

体育精神是学校体育文化的灵魂，它体现了学校体育教育的核心理念和价值追求。体育精神包括团结协作、公平竞争、自强不息、顽强拼搏等品质，这些品质在体育活动中得到充分体现和传承。同时，学校体育文化也倡导健康、积极、向上的价值观，鼓励学生通过体育运动来培养自己的身心素质和社会适应能力。

2. 体育制度与规范

体育制度是学校体育文化的重要保障，它规定了学校体育活动的组织方式、管理方式和运行方式。这些制度包括体育教学制度、群体竞赛制度、体育文化交流制度等，它们共同构成了学校体育文化的制度框架。同时，为了保障体育活动的顺利进行和公平竞争，学校还制定了一系列体育规范，如比赛规则、训练要求等，这些规范为体育活动的有序开展提供了有力保障。

3. 体育设施与器材

体育设施与器材是学校体育文化的物质基础，它们为学生提供了进行体育活动的场所和工具。这些设施与器材包括体育场馆、运动场地、健身器材等，它们的质量和数量直接影响到学校体育活动的开展效果和学生的运动体验。因此，学校应该加大对体育设施与器材的投入力度，提高设施的使用效率和器材的更新速度，以满足学生日益增长的体育需求。

4. 体育活动与赛事

体育活动与赛事是学校体育文化的重要组成部分，它们为学生提供了展示自己才华和特长的平台。这些活动和赛事包括体育课、课外体育活动、运动代表队训练和比赛等，它们涵盖了不同类型的体育项目和不同层次的比赛形式。通过参与这些活动和赛事，学生可以锻炼自己的身体素质和竞技能力，也可以培养自己的团队合作精神和竞争意识。

5. 体育教育与培训

体育教育与培训是学校体育文化的重要支撑，为学生提供了学习体育知识和技能的机会。体育教育包括体育课教学、体育理论教学等，它们旨在培养学生的体育素养和综合能力。体育培训包括运动员训练、裁判员培训等，它们旨在提高学生的竞技水平和专业素养。通过体育教育与培训相结合，学校可以为学生提供全方位的体育教育服务，促进学生的全面发展。

二、学校体育文化的功能与价值

（一）培养学生健康意识与体育精神

1. 健康意识的培养

健康意识是指个体对自身健康状况及健康行为的认识和重视程度。在学校教育中，培养学生健康意识至关重要，它不仅关乎学生的身体健康，还影响其心理健康和社会适应能力。以下几个策略有助于培养学生的健康意识。

健康教育课程：将健康教育纳入学校课程体系，通过系统的课程讲解，让学生了解健康饮食、运动锻炼、疾病预防等方面的知识，形成科学的健康观念。

实践活动：组织健康主题日、健康讲座、健康知识竞赛等活动，让学生在参与中体验健康生活方式的重要性，增强健康意识。

家校合作：与家长建立紧密联系，共同关注学生的健康状况，通过家长会、家校联系册等方式，传递健康知识，形成家校共同培养学生健康意识的良好氛围。

2. 体育精神的塑造

体育精神是体育活动中形成的积极向上、勇于拼搏、团结协作等精神品质的总和。它对学生的成长具有深远的影响。以下几个方面有助于塑造学生的体育精神。

坚韧不拔：通过长跑、攀岩等耐力性运动项目，锻炼学生的意志品质，培养学生面对困难不屈不挠的精神。

团队协作：在篮球、足球等集体项目中，强调团队合作的重要性，让学生在协作中学会沟通、理解和支持，培养团队精神。

公平竞争：在各类体育比赛中，强调公平竞争的原则，让学生明白成功需要付出努力，而非投机取巧。同时，培养学生的规则意识，尊重对手，尊重裁判。

（二）促进校园和谐与文化建设

1. 校园氛围的营造

和谐的校园氛围是学生健康成长的重要保障。通过以下几个措施可以营造积极向上的校园氛围。

美化校园环境：加强校园绿化、美化工作，打造舒适、宜人的学习环境，让学生感受到校园的美丽和温馨。

文化活动：举办丰富多彩的校园文化活动，如文艺晚会、读书节、科技节等，丰富学生的课余生活，提高学生的文化素养。

心理健康教育：加强心理健康教育，设立心理咨询室，定期开展心理健康讲座和辅导活动，帮助学生解决心理问题，保持积极向上的心态。

2. 师生关系的改善

良好的师生关系是校园和谐的重要体现。以下几个措施有助于改善师生关系。

沟通机制：建立师生沟通机制，如定期召开师生座谈会、设立意见箱等，让学生有机会表达自己的意见和建议，增进师生之间的理解和信任。

尊重与关爱：教师应尊重学生的个性差异，关注学生的成长需求，用爱心和耐心去引导学生，让学生感受到教师的关爱和支持。

共同参与：鼓励学生参与学校管理和决策过程，如学生代表大会、班级自治等，增强学生的责任感和归属感。

3. 校园文化的丰富与提高

校园文化是学校精神风貌和办学特色的集中体现。以下几个措施有助于丰富和提高校园文化。

特色活动：结合学校实际和地域特色，开展具有学校特色的文化活动，如传统文化节、民族运动会等，传承和弘扬中华优秀传统文化。

品牌建设：加强学校品牌建设，通过校徽、校训、校歌等文化标识的打造，增强学校的凝聚力和向心力。

开放交流：加强与其他学校的交流与合作，举办校际运动会、文化交流活动等，拓宽学生的视野，促进校园文化交流与融合。

第二节　体教融合的三维实施路径

一、体育课程的改革与创新

（一）体育课程内容的优化与拓展

1. 传统体育项目的保留与发扬

传统体育项目作为民族文化和学校体育文化的重要组成部分，承载着丰富的历史和文化内涵。在体育课程内容优化与拓展的过程中，保留与发扬传统体育项目具有重要意义。

保留经典项目：如篮球、足球、田径等传统体育项目，这些项目经过时间的检验，深受学生喜爱，具有广泛的群众基础。学校应继续开设这些课程，并注重提高学生的技能水平和竞技能力。

发扬传统文化：结合学校所在地的地域特色和文化背景，发掘和推广具有地方特色的传统体育项目，如武术、龙舟、舞狮等。通过课程教学、校内外比赛和表演等形式，让学生了解和传承这些传统文化。

创新教学方法：在传统体育项目的教学中，注重创新教学方法和手段，如采用多媒体教学、互动式教学等，激发学生的学习兴趣和参与积极性。

2. 新兴体育项目的引入与尝试

随着时代的发展，新兴体育项目不断涌现，为学校体育课程内容的优化与拓展提供了新的选择。

引入新兴项目：如攀岩、滑板、瑜伽、定向越野等新兴体育项目，这些项目具有时尚、新颖、富有挑战性的特点，能够让学生产生兴趣。学校应根据实际情况和学生的需求，适时引入这些项目。

尝试跨学科融合：将体育与其他学科相结合，如体育与信息技术、体育与艺术等，开发出具有跨学科特色的体育课程。这种融合不仅能够拓宽学生的知识面，还能提高学生的综合素质。

注重安全教育：在引入新兴体育项目的过程中，学校应注重安全教育，确保学生的安全。通过制定详细的安全规范、提供必要的安全设施和器材、加强学生的安全教育等方式，降低运动风险。

3. 体育课程与健康教育相结合

体育课程与健康教育相结合是实现学生全面发展的重要途径。

整合课程资源：将健康教育的内容融入体育课程中，如通过体育教学传授健康饮食、疾病预防、心理健康等方面的知识，增强学生的健康意识和自我保健能力。

注重实践体验：在体育课程中增加实践体验环节，如组织学生进行体质测试、健康风险评估等活动，让学生了解自己的身体状况，从而更加关注自己的健康。

建立健康档案：为每位学生建立健康档案，记录学生的体质测试数据、健康状况等信息，以便教师根据学生的实际情况制订个性化的教学计划和健康指导方案。

（二）体育教学方法的改进与提高

1. 教学方法的多样化

体育教学方法的多样化是提高体育教学效果的关键。传统的教学方法往往注重技能的传授和训练，而忽略了学生的学习兴趣和个性发展。因此，体育教师应积极探索和实践多样化的教学方法，以满足不同学生的需求。

游戏化教学法：将体育课内容与游戏相结合，通过趣味性的游戏项目激发学生的学习兴趣和参与积极性。例如，在足球课上设置“抢球大战”“足球保龄球”等游戏，让学生在快乐中学习运球、传球、射门等基本技能。

情景模拟教学法：在特定的情景下进行体育教学，使学生能够更好地掌握运动技能。如篮球课上设计一个“躲避障碍物投篮”的环节，让学生在模拟的比赛环境中练习投篮技巧。

合作学习法：以小组为单位开展体育活动，鼓励学生相互协作，共同完成任务。这种方法不仅能够锻炼学生的团队协作能力，还能让他们学会如何在集体中发挥自己的作用。

体验式教学法：通过组织户外拓展活动、运动会等，让学生在实践中感受运动的魅力，培养他们的勇敢、坚韧等精神品质。

2. 信息化教学手段的运用

随着信息技术的不断发展，信息化教学手段在体育教学中得到了广泛应用。这些手段不仅丰富了教学内容，还提高了教学效果。

多媒体技术：利用多媒体技术展示教学情境、提供丰富感知、呈现思维过程。例如，通过分解动作和慢镜头呈现复杂的技术动作，帮助学生更好地理解和掌握技能。

智能设备：运用智能手环、心率监测仪等设备实时监测学生的身体状况，为教师提供科学的训练依据。同时，智能设备还能记录学生的运动数据，为他们制订个性化的训练计划。

网络平台：利用网络平台进行在线教学、资源共享和交流互动。教师可以录制微课提前让学生观看预习，也可以在平台上发布教学资源和作业，方便学生进行自主学习和巩固练习。

3. 学生主体地位的突出与发挥

在体育教学中，突出学生的主体地位是提高教学效果的重要途径。教师应充分尊重学生的个性和需求，引导他们积极参与体育活动，发挥他们的主观能动性。

相信学生的能力：教师要全面关注学生，相信他们的学习能力和动手能力。通过逐步锻炼学生的各种能力，如语言表达能力、动手能力、学习能力等，培养他们的自信心和自主学习能力。

把课堂交给学生：改变传统课堂以教师讲授为主的教学模式，把课堂交给学生，让他们也做一名“小教师”。这样既能调动学生的积极性，又能锻炼他们的语言表达能力，活跃课堂气氛。

利用小组竞赛激励学习：利用学生的争强好胜心理，在教学过程中开展小组竞赛活动。通过竞赛激发学生的斗志和团队精神，提高他们的学习能力和竞技水平。

同时，教师还应注重与学生的互动交流，及时了解他们的需求和困惑，为他们提供有针对性的指导和帮助。通过突出学生的主体地位，发挥他们的主观能动性，可以进一步提高体育教学的效果和质量。

二、校园体育活动的组织与策划

（一）校园体育赛事的举办与参与

校园体育赛事是校园体育文化的重要组成部分，它不仅能够激发学生的体育热情，提高他们的竞技水平，还能够增强团队协作能力，培养公平竞争的精神。为了充分发挥校园体育赛事的积极作用，我们需要从赛事类型的多样化、赛事组织的规范化以及学生参与度的提高三个方面进行努力。

1. 赛事类型的多样化

校园体育赛事的多样化是吸引学生广泛参与的关键。学校应根据学生的兴趣和特长，设置丰富多彩的赛事，以满足不同学生的需求。

传统体育赛事：传统体育赛事如田径运动会、篮球赛、足球赛等，这些赛事具有广泛的群众基础，能够吸引大量学生参与。学校应定期举办这些赛事，并注重提高赛事的竞技水平和观赏性。

特色体育赛事：结合学校所在地的地域特色和文化背景，设置具有地方特色的体育赛事，如龙舟赛、武术表演等。特色体育赛事不仅能够传承和弘扬中华优秀传统文化，还能够增强学生的民族自豪感和归属感。

趣味体育赛事：趣味体育赛事如拔河比赛、趣味接力赛等，这些赛事注重趣味性和参与性，能够降低竞技门槛，让更多的学生参与进来，享受体育带来的快乐。

2. 赛事组织的规范化

规范化的赛事组织是确保赛事顺利进行的重要保障。学校应建立完善的赛事组织体系，明确各部门的职责分工，确保赛事的筹备、执行和总结等各个环节都得到有效管理。

制订赛事计划：学校应根据学期安排和节假日情况，提前制订赛事计划，明确赛事的时间、地点、参与对象等要素。同时，要确保赛事计划与学校其他活动不冲突，以免影响学生的正常学习和生活。

完善赛事规则：根据赛事类型，制定详细的比赛规则和评分标准。这些规则应公平、公正、公开，确保比赛结果的准确性和权威性。同时，要加强对规则的宣传和解释工作，让学生充分了解比赛规则，避免在比赛中出现违规行为。

加强赛事安全：安全是赛事组织的重要前提。学校应加强对赛事场地的安全检查，确保场地设施符合比赛要求。同时，要制定应急预案，应对可能出现的突发事件，确保赛事的顺利进行。

3. 学生参与度的提高

提高学生的参与度是校园体育赛事举办的重要目标。学校应通过多种途径激发学生的参与热情，让他们成为赛事的主体和受益者。

加强宣传引导：通过校园广播、海报、微信公众号等多种渠道宣传赛事信息，让学生了解赛事的意义、规则和奖励机制。同时，邀请校内外体育明星或优秀运动员进行宣讲，激发学生的体育热情。

设置奖励机制：根据赛事类型和规模，设置合理的奖励机制。这些奖励可以包括奖杯、证书、奖学金等，以表彰在比赛中表现突出的学生。同时，可以设立“最佳风尚奖”“最佳团队协作奖”等奖项，以鼓励学生积极参与、勇于挑战。

提供参赛机会：学校应尽可能为学生提供更多的参赛机会，让他们在不同的赛事中锻炼自己、提高能力。例如，可以组织校际友谊赛、邀请赛等，让学生与其他学校的学生进行交流和切磋。

（二）校园体育社团的建设与管理

校园体育社团是校园体育文化的重要载体，它不仅能够为学生提供展示自我、发展特长的平台，还能够培养他们的团队协作能力、组织能力和创新能力。为了充分发挥校园体育社团的积极作用，我们需要从社团种类的丰富、社团活动的指导与支持以及社团成员的培养与发展三个方面进行努力。

1. 社团种类的丰富

丰富多样的体育社团能够满足不同学生的兴趣和需求。学校应根据学生的特长和兴趣，积极引导和扶持各类体育社团的成立和发展。

传统体育项目社团：传统体育项目社团如篮球社、足球社、羽毛球社等，这些社团具有广泛的群众基础，能够吸引大量学生参与。学校应加强对这些社团的支持和管理，确保它们能够持续、稳定地发展。

新兴体育项目社团：随着新兴体育项目的不断涌现，学校应积极引导和扶持这些项目的社团成立。例如，可以成立攀岩社、滑板社、瑜伽社等，以满足学生对新兴体育项目的好奇心和探索欲。

特色体育项目社团：结合学校所在地的地域特色和文化背景，成立具有地方特色的体育项目社团。例如，可以成立龙舟社、武术社等。这些社团不仅能够传承和弘扬中华优秀传统文化，还能够增强学生的民族自豪感和归属感。

2. 社团活动的指导与支持

学校应加强对体育社团活动的指导与支持，以确保社团活动的有序开展和质量的提高。

提供专业指导：学校可以邀请专业教练或体育教师为社团成员提供专业的技术指导，帮助他们提高运动技能和竞技水平。同时，可以组织社团成员参加校内外培训和交流活动，拓宽他们的视野和知识面。

提供场地设施：学校应为体育社团提供必要的场地和设施支持，确保社团活动的顺利进行。例如，可以开放体育馆、田径场等场地供社团成员使用；提供运动器材、音响设备等设施供社团活动所需。

提供经费支持：学校应为体育社团提供一定的经费支持，用于购买器材、租赁场地、举办比赛等。同时，可以鼓励社团成员通过拉赞助、义卖等方式筹集资金，增强他们的社会实践能力。

3. 社团成员的培养与发展

社团成员的培养与发展是校园体育社团建设的核心任务。学校应注重培养社团成员的团队协作能力、组织能力和创新能力，为他们提供广阔的发展空间和机会。

加强团队建设：通过组织团建活动、开展团队训练等方式，增强社团成员的凝聚力和团队协作能力。同时，要建立健全的社团管理制度和运行机制，确保社团工作的有序开展。

提高组织能力：鼓励社团成员积极参与社团活动的策划、组织和执行工作，提高他们的组织能力和领导能力。同时，要加强对社团骨干的培养和选拔工作，为他们提供更多的锻炼机会和广阔的发展空间。

培养创新能力：鼓励社团成员在社团活动中发挥创新思维和创造力，提出新颖的活动方案和创意。同时，要加强对社团活动的评估和总结工作，及时发现和推广优秀经验和做法。

第三节　学生体质与素养的协同评估

一、学生健康素养的提高情况

（一）学生体质健康状况的监测与分析

学生体质健康状况是衡量学校健康教育成效的重要指标，它不仅关系到学生的身体健康，还直接影响到他们的学习和生活质量。为了全面、准确地掌握学生的体质健康状况，我们需要从体质测试数据的收集与整理、体质健康状况的分析与评估以及体质健康改善的建议与措施三个方面进行深入探讨。

1. 体质测试数据的收集与整理

体质测试数据的收集是体质健康监测的基础工作。学校应按照国家相关规定，定期组织学生进行体质测试，以确保数据的全面性和准确性。

测试项目标准化：依据《国家学生体质健康标准》，设定身高、体重、肺活量、50米跑、立定跳远、坐位体前屈、800米（女）/1000米（男）等项目作为测试内容，确保测试项目的科学性和全面性。

测试过程规范化：在测试前，对测试人员进行专业培训，确保他们熟悉测试流程、掌握测试技巧。在测试过程中，严格按照测试标准进行操作，确保数据的准确性和可靠性。同时，要做好测试记录，详细记录每个学生的测试数据和表现情况。

数据整理系统化：测试结束后，及时将测试数据进行整理和分析。利用专业的数据分析软件，对测试数据进行分类、汇总和统计，形成详细的体质测试报告。

2. 体质健康状况的分析与评估

体质健康状况的分析与评估是了解学生体质状况、发现潜在问题并制定针对性改进措施的关键环节。

个体分析与群体分析相结合：在对学生体质测试数据进行个体分析的基础上，结合群体数据进行综合分析。通过对比不同年级、性别、班级学生的体质状况，发现存在的共性问题和个性差异，为制定改进措施提供依据。

历史数据与现状数据对比：将学生的体质测试数据与历史数据进行对比，分析学生体质状况的变化趋势。通过对比不同时间点的数据，发现学生体质状况的改善或恶化情况，及时调整健康教育策略。

体质健康等级评定：根据《国家学生体质健康标准》，对学生的体质健康状况进行等级评定。通过等级评定，可以更直观地了解学生的体质健康状况，为制订个性化的锻炼计划提供依据。

3. 体质健康改善的建议与措施

针对学生的体质健康状况，学校应制定切实可行的改善建议和措施，帮助学生提高体质水平。

个性化锻炼计划：根据学生的体质测试数据和等级评定结果，制订个性化的锻炼计划。计划应包括锻炼项目、锻炼强度、锻炼频率等要素，确保学生能够根据自己的实际情况进行有针对性的锻炼。

健康教育课程优化：结合学生的体质健康状况和需求，优化健康教育课程内容。增加与体质健康相关的知识点和技能点，增强学生的健康意识和自我保护能力。同时，注重理论与实践相结合，通过实践活动加深学生对健康知识的理解。

家校合作共同促进：加强与家长的沟通和合作，共同关注学生的体质健康状况。定期向家长反馈学生的体质测试数据和等级评定结果，引导家长关注学生的健康问题，共同制定改善措施。同时，鼓励家长参与学生的锻炼活动，营造良好的家庭锻炼氛围。

（二）学生健康知识与技能的掌握程度

健康知识与技能的掌握是学生保持身体健康、预防疾病的重要基础。为了全面了解学生对健康知识与技能的掌握程度，我们需要从健康知识教育的效果评估、体育技能的掌握与应用以及健康行为与习惯的培养三个方面进行深入分析。

1. 健康知识教育的效果评估

健康知识教育的效果评估是检验健康教育成效的重要手段。学校应定期对健康知识教育的效果进行评估，以便及时发现存在的问题并进行改进。

知识测试与问卷调查：通过知识测试和问卷调查的方式，了解学生对健康知识的掌握情况。测试内容应包括健康饮食、疾病预防、心理健康等方面的知识点。通过测试结果分析，可以直观地了解学生对健康知识的掌握程度，为调整教学内容和方法提供依据。

行为观察与访谈：通过观察学生在日常生活中的健康行为表现，以及与学生进行访谈，了解健康知识教育对学生行为的影响。观察内容应包括学生的饮食习惯、作息规律、运动习惯等方面。通过行为观察和访谈结果分析，可以深入了解健康知识教育在学生生活中的实际应用情况。

综合评估与反馈：结合知识测试、问卷调查、行为观察和访谈等多方面的评估结果，对健康知识教育的效果进行综合评估。根据评估结果，及时向教师和学生反馈存在的问题和不足，提出改进建议，促进健康教育质量的持续提高。

2. 体育技能的掌握与应用

体育技能的掌握与应用是学生提高体质水平、享受运动乐趣的重要途径。学校应注重培养学生的体育技能，提高他们的运动能力和竞技水平。

技能教学与训练：在体育课程中，注重体育技能的教学和训练。通过讲解、示范、练习等方式，帮助学生掌握基本的体育技能。同时，要注重技能的实用性和趣味性，激发学生的学习兴趣和积极性。

技能考核与展示：定期组织学生进行体育技能考核和展示活动。通过考核和展示，可以检验学生对体育技能的掌握情况，激发他们的学习动力。同时，还可以为学生提供展示自我、交流学习的平台，促进他们之间的互相学习和共同进步。

技能应用与实践：鼓励学生将所学的体育技能应用到实际生活中。通过组织校内外体育活动、比赛等方式，为学生提供实践机会，让他们在实践中巩固和提高体育技能。同时，还可以引导学生将体育技能与日常生活相结合，如利用课余时间进行体育锻炼、参加社区体育活动等，培养学生的终身体育意识。

3. 健康行为与习惯的培养

健康行为与习惯的培养是学生保持身体健康、预防疾病的重要保障。学校应注重培养学生的健康行为与习惯，帮助他们形成积极向上的生活方式。

健康行为教育：通过健康教育课程、主题班会等方式，向学生传授健康行为的知识和技能。内容应包括合理膳食、适量运动、规律作息、心理调适等方面。通过教育引导学生树立正确的健康观念，培养他们的健康意识和自我保护能力。

行为示范与榜样引领：教师和家长应成为学生的行为示范和榜样。通过自己的言行举止向学生展示健康行为的重要性和正确性。同时，要鼓励学生之间相互学习、互相监督，形成良好的健康行为氛围。

行为强化与激励：通过表扬、奖励等方式对学生的健康行为进行强化和激励。对于表现突出的学生给予表彰和奖励，激发他们的积极性和自信心。同时，对于存在不良行为的学生及时进行引导和纠正，帮助他们改正错误、养成良好的健康习惯。

二、校园体育文化的传播与影响

（一）校园体育文化的辐射力与影响力

校园体育文化作为校园文化的重要组成部分，不仅塑造了学生的身心素质，更以其独特的魅力辐射至校园内外，产生广泛而深远的影响。以下从校园内外的知名度与美誉度、校园体育文化的传播渠道与方式、校园体育文化的社会影响力三个方面进行详细探讨。

1. 校园内外的知名度与美誉度

校园体育文化的知名度与美誉度是衡量其影响力的重要指标。一方面，通过举办高水平的体育赛事、体育节等活动，校园体育文化在校园内部形成浓厚的体育氛围，激发学生的体育热情，提高学校的整体形象。另一方面，这些活动往往能够吸引校外的关注，包括媒体、家长、社区成员等，从而扩大校园体育文化的知名度。

美誉度则源于校园体育文化所展现的积极、健康、向上的精神风貌。通过体育竞赛中的公平竞争、团队协作，以及体育活动中的坚持不懈、勇于挑战，校园体育文化传递出正能量，赢得了社会各界的广泛赞誉。这种美誉度不仅提高了学校的品牌形象，更为学生树立了良好的榜样，引导他们形成正确的人生观和价值观。

2. 校园体育文化的传播渠道与方式

校园体育文化的传播依赖于多元化的渠道和方式。

首先，校园媒体如校报、校刊、校园广播、校园网站等是传播校园体育文化的重要载体。它们通过报道体育赛事、介绍体育明星、分享体育知识等方式，将校园体育文化的精髓传递给广大师生。

其次，社交媒体和新媒体平台如微博、微信、抖音等也成了校园体育文化传播的新阵地。这些平台具有传播速度快、覆盖面广、互动性强等特点，能够迅速扩大校园体育文化的影响力。在这些平台上发布体育活动的精彩瞬间、分享体育心得、开展线上互动等，能够使校园体育文化跨越校园界限，触达更广泛的受众。

最后，校园体育文化还通过体育交流、体育夏令营、体育志愿服务等方式进行传播。这些活动不仅加深了学生对体育文化的理解和认同，还为他们提供了展示自我、结交朋友的平台，进一步扩大了校园体育文化的传播范围。

3. 校园体育文化的社会影响力

校园体育文化的社会影响力体现在多个方面。

首先，它促进了全民健身运动的普及和发展。通过校园体育文化的辐射和带动，越来越多的社区居民开始关注体育、参与体育，形成了良好的体育氛围，这不仅提高了社区居民的身体素质，还增强了他们的凝聚力和归属感。

其次，校园体育文化在传承和弘扬体育精神方面发挥了重要作用。体育精神包括公平竞争、团队协作、坚持不懈等品质，这些品质不仅适用于体育领域，更能够渗透到社会生活的各个方面。通过校园体育文化的传播和熏陶，这些品质能够在更广泛的范围内传承和弘扬，为社会注入了正能量。

最后，校园体育文化还对社会经济产生了积极影响。一方面，体育赛事的举办能够带动相关产业的发展，如体育用品销售、体育旅游、体育广告等。另一方面，校园体育文化所展现的青春活力和积极向上的精神风貌也吸引了众多企业的关注和投资，为学校的建设和发展提供了有力的支持。

（二）校园体育文化对周边社区的带动作用

校园体育文化不仅影响着校园内部，更以其独特的魅力对周边社区产生积极的带动作用。以下从社区体育活动的共同参与、社区体育设施的共享与利用、社区体育文化的交流与融合三个方面进行详细分析。

1. 社区体育活动的共同参与

校园体育文化通过举办各类体育活动和赛事，吸引了周边社区居民的广泛参与。这些活动不仅丰富了社区居民的业余生活，还促进了社区居民之间的交流与互动。通过参与体育活动，社区居民能够增进彼此之间的了解和友谊，形成更加和谐、融洽的社区氛围。

校园体育文化所倡导的公平竞争、团队协作等精神也深深影响着社区居民。这些精神不仅适用于体育领域，而且能够渗透到社区生活的各个方面。通过参与体育活动，社区居民能够更加深刻地理解这些精神的内涵和价值，从而在社区生活中更加注重公平、协作和团结。

2. 社区体育设施的共享与利用

校园体育设施是校园体育文化的重要组成部分。通过合理规划和有效管理，这些设施不仅能够满足校园内部师生的体育需求，还能够为周边社区居民提供便捷的体育服务。

一方面，校园体育设施可以在课余时间向社区居民开放。这不仅能够提高设施的利用率，还能够为社区居民提供更多的体育锻炼机会。另一方面，校园还可以与社区合作共建体育设施，如共同投资建设体育场馆、健身器材等，实现资源的共享和优化配置。

通过共享和利用校园体育设施，不仅能够有效缓解社区体育资源不足的问题，还能够促进校园与社区之间的交流与合作，推动校园体育文化与社区体育文化的深度融合。

3. 社区体育文化的交流与融合

校园体育文化与社区体育文化之间存在着密切的联系和互动。通过举办各类体育交流活动，如体育友谊赛、体育讲座、体育展览等，校园与社区之间的体育文化得以相互交流和融合。

这些交流活动不仅加深了校园与社区之间的了解和友谊，还促进了双方在体育理念、体育方法等方面的相互借鉴和学习。通过交流和融合，校园体育文化与社区体育文化得以取长补短、共同发展，形成了更加丰富多彩、独具特色的体育文化景观。

同时，这些交流活动也为社区居民提供了更多的体育参与机会和学习平台。通过参与交流活动，社区居民能够更加深入地了解校园体育文化的精髓和内涵，更加积极地参与校园体育文化的建设和发展。

第六章　社区体育文化的公共空间营造

第一节　生活圈体育文化的民生属性

一、社区体育文化的定义与构成

（一）社区体育文化的内涵与外延

1. 社区体育文化的核心定义

社区体育文化，作为一个综合性的概念，深刻地体现了社区、体育与文化三者之间的紧密结合与互动。它不仅关乎社区居民的体育实践活动，更涉及这些活动背后所蕴含的文化内涵和精神价值。以下是对社区体育文化核心定义的详细阐述。

（1）强调社区、体育与文化的紧密结合

社区体育文化首先强调社区、体育与文化三者之间的内在联系。社区作为人们生活的基本单位，是体育活动和文化交流的重要场所。体育活动不仅丰富了社区居民的日常生活，还通过其独特的竞技性和娱乐性，成为社区文化的重要组成部分。文化作为社区体育活动的灵魂，赋予了体育活动更深层次的意义和价值。

在社区体育文化的形成过程中，社区居民通过参与体育活动，不仅锻炼了身体，还促进了彼此之间的交流与互动，形成了独特的社区体育精神。这种精神，既体现了体育活动的竞技性和团队精神，又融入了社区文化的多元性和包容性，从而形成了独具特色的社区体育文化。

社区体育文化还体现了体育与文化的相互促进和共同发展。体育活动为社区文化提供了生动的实践载体，而社区文化则为体育活动注入了丰富的文化内涵和精神动力。这种紧密结合，使社区体育文化在不断发展中，既保持了体育活动的竞技性和娱乐性，又体现了社区文化的多元性和包容性。

(2) 阐述社区体育文化在社区生活中的地位与作用

社区体育文化在社区生活中扮演着至关重要的角色。它不仅是社区居民精神生活的重要组成部分，更是推动社区文化建设、促进社区和谐发展的重要力量。

首先，社区体育文化丰富了社区居民的精神生活。通过参与体育活动，社区居民能够释放压力、愉悦身心，增强身体素质和免疫力。同时，体育活动所蕴含的竞争意识和团队精神，还能够激发社区居民的积极性和创造力，提高他们的自信心和责任感。这些积极的心理效应，对于提高社区居民的生活质量、促进社区和谐发展具有重要意义。

其次，社区体育文化推动了社区文化的建设。社区体育文化作为社区文化的重要组成部分，其发展和繁荣对于提高社区文化的整体水平具有重要作用。通过举办各类体育活动和文化交流活动，社区能够吸引更多的居民参与和关注，增强社区的凝聚力和向心力。同时，这些活动还能够促进社区居民之间的交流与互动，增进彼此之间的了解和友谊，形成更加和谐、融洽的社区氛围。

最后，社区体育文化还促进了社区体育设施的建设和完善。为了满足社区居民日益增长的体育需求，社区需要不断加强体育设施的建设和完善。而社区体育文化的繁荣和发展，为社区体育设施的建设提供了有力的支持和保障。通过投入更多的资源和资金，社区能够建设更加先进、完善的体育设施，为社区居民提供更加便捷、舒适的体育服务。

(3) 社区体育文化在社区生活中的地位与作用的具体体现

在社区生活中，社区体育文化的作用不仅体现在丰富居民精神生活、推动文化建设等方面，还体现在促进社区经济发展、提高社区形象等方面。

首先，社区体育文化能够促进社区经济的繁荣发展。随着社区居民对体育活动的需求不断增加，社区体育产业的发展也迎来了新的机遇。通过举办各类体育赛事和活动，社区能够吸引更多的游客和投资者前来参观和投资，从而带动社区经济的繁荣发展。同时，社区体育产业的发展还能够为社区居民提供更多的就业机会和创业机会，提高他们的经济收入和生活水平。

其次，社区体育文化能够提高社区的整体形象。一个拥有丰富体育文化内涵和良好体育氛围的社区，往往能够给人留下深刻和美好的印象。这种印象不仅有助于提高社区的知名度和美誉度，还能够吸引更多的游客和投资者前来关注和投资。因此，加强社区体育文化的建设和发展，对于提高社区的整体形象、推动社区的可持续发展具有重要意义。

最后，社区体育文化还能够促进社区居民的身心健康和全面发展。通过参与体育活动，社区居民能够锻炼身体、愉悦身心，增强身体素质和免疫力。同时，体育活动所蕴含的竞争意识和团队精神，还能够激发社区居民的积极性和创造力，提高他们的自信心和责任感。这些积极的心理效应和身体素质的提高，对于促进社区居民的身心健康和全面发展具有重要意义。

2. 社区体育文化的外延拓展

社区体育文化作为社区生活的重要组成部分，其外延拓展涵盖了社区体育活动的各个方面，如体育设施、体育活动、体育精神等，体现了社区体育文化的广泛性与包容性。以下是对社区体育文化外延拓展的详细探讨。

（1）涵盖社区体育活动的各个方面

社区体育文化的外延拓展首先体现在对社区体育活动各个方面的全面涵盖上。这包括体育设施的建设与完善、体育活动的组织与开展、体育精神的培育与弘扬等多个方面。

体育设施是社区体育活动的基础和保障。社区体育文化的外延拓展要求社区在体育设施建设上注重实用性和多样性，以满足不同年龄段、有不同兴趣爱好居民的需求。这包括建设篮球场、足球场、羽毛球场、游泳池等多样化的运动场地，以及配备相应的运动器材和设施。社区还应注重体育设施的维护和更新，以确保其安全、整洁、易用，为社区居民提供良好的运动环境。

在体育设施建设的过程中，社区可以积极引入社会资本和力量，通过政府引导、企业参与、居民共建等方式，推动体育设施的完善和优化。此外，社区还可以利用现有资源，如学校、公园、广场等公共场所，开展体育活动，实现资源的共享和高效利用。

（2）体育活动的组织与开展

体育活动的组织与开展是社区体育文化的重要体现。社区应根据居民的需求和兴趣，定期举办各类体育活动和赛事，如运动会、篮球赛、足球赛、羽毛球赛等。这些活动不仅能丰富社区居民的业余生活，还能促进居民之间的交流与互动，增强社区的凝聚力和向心力。

在体育活动的组织与开展过程中，社区应注重活动的多样性和创新性，结合时代特点和居民需求，不断推出新颖、有趣的体育活动。社区还应注重活动的公平性和安全性，确保每位居民都能在安全、公正的环境中参与活动，享受体育带来的乐趣。

（3）体育精神的培育与弘扬

体育精神是社区体育文化的灵魂和核心，体现了社区居民在体育活动中所展现出的积极向上、团结协作、勇于拼搏的精神风貌。社区体育文化的外延拓展要求社区在培育与弘扬体育精神方面下功夫，通过举办体育活动和赛事，引导居民树立正确的体育观念和价值观，培养他们的团队合作精神和竞争意识。

在培育与弘扬体育精神的过程中，社区可以充分利用媒体和社交平台等渠道，广泛宣传体育精神的内涵和价值，提高居民对体育精神的认知和认同。社区还可以通过举办体育讲座、体育展览等活动，向居民普及体育知识和技能，提高他们的体育素养和综合素质。

（4）体现社区体育文化的广泛性与包容性

社区体育文化的外延涵盖了社区体育活动的各个方面，体现了社区体育文化的广泛性与包容性。这种广泛性与包容性体现在以下几个方面。

受众群体的广泛性：社区体育文化的受众群体广泛，涵盖了不同年龄、性别、职业、文化背景的居民。无论是青少年、中老年人，还是男性、女性，都可以在社区体育活动中找到自己的位置和乐趣。这种受众群体的广泛性使社区体育文化具有较强的吸引力和影响力，能够吸引更多的居民参与到体育活动中来。

活动内容的多样性：社区体育文化的活动内容多样，包括篮球、足球、羽毛球、游泳、健身等运动项目。这些项目不仅满足了不同居民的需求和兴趣，还促进了居民之间的交流与互动。同时，社区还可以根据居民的需求和兴趣，不断创新和丰富活动内容，提高活动的趣味性和吸引力。

文化背景的包容性：社区体育文化具有很强的包容性，能够容纳不同文化背景和价值观的居民。在社区体育活动中，居民可以自由地表达自己的观点和想法，分享自己的经验和感受。这种包容性使社区体育文化更加丰富多彩，更加具有生命力和活力。

社区体育文化还可以借鉴和融合其他地区的体育文化元素，形成独具特色的社区体育文化。这种融合不仅丰富了社区体育文化的内涵和外延，还促进了不同地区之间的文化交流与互动。

社会功能的多元性：社区体育文化不仅具有娱乐和健身的功能，还具有教育、社交、文化传承等多种社会功能。通过参与体育活动，居民可以学习到团队合作、公平竞争等价值观念，提高自己的综合素质和社交能力。同时，社区体育文化还是社区文化的重要组成部分，可以传承和弘扬社区的历史和文化传统。这种社会功能的多元性使社区体育文化在社区生活中发挥着越来越重要的作用。它不仅能够促进居民之间的交流与互动，增强社区的凝聚力和向心力，还能够推动社区文化的建设和发展，提高社区的整体形象和竞争力。

（二）社区体育文化的构成要素及特点

1. 社区体育文化构成要素

社区体育文化作为社区生活的重要组成部分，其构成要素多样且复杂，主要包括体育设施、体育活动和体育精神三大方面。这三者相互关联、相互促进，共同展现了社区体育文化的丰富内涵和独特魅力。以下是对社区体育文化构成要素的详细分析。

（1）体育设施：硬件基础，为社区居民提供体育锻炼的场所

体育设施是社区体育文化发展的硬件基础，是社区居民进行体育锻炼和开展体育活动的重要场所。它不仅影响着社区居民的体育参与度和满意度，还直接关系到社区体育文化的繁荣程度和发展水平。

设施类型与多样性：社区体育设施的类型多样，包括篮球场、足球场、羽毛球场、乒乓球场、游泳池、健身房等，能够满足不同年龄段、有不同兴趣爱好居民的需求。这些设施的建设和完善，为社区居民提供了多样化的锻炼选择，有助于激发他们对体育活动的兴趣和热情。

设施布局与便利性：社区体育设施的布局和便利性也是影响社区居民体育

参与的重要因素。合理的设施布局能够确保居民在较短时间内到达锻炼场所，提高设施的利用率和居民的满意度。设施的便利性还包括设施的开放时间、设施的安全性和设施的维护状况等，这些因素都直接关系到居民对体育设施的使用体验和信任度。

设施投入与可持续性：社区体育设施的建设和维护需要一定的资金投入。政府、企业和居民应共同参与到设施的建设和维护中来，形成多元化的投入机制。社区还应注重设施的可持续性和环保性，选择符合环保标准的材料和设备，减少对环境的影响，确保设施的长期稳定运行。

（2）体育活动：核心载体，通过体育活动展现社区体育文化的魅力

体育活动是社区体育文化的核心载体，能够展现社区体育文化魅力，促进社区居民交流。通过举办各类体育活动和赛事，社区能够吸引更多的居民参与和关注，增强社区的凝聚力和向心力。

活动类型与多样性：社区体育活动的类型多样，包括运动会、篮球赛、足球赛、羽毛球赛、乒乓球赛、游泳比赛等。这些活动不仅满足了不同居民的需求和兴趣，还促进了居民之间的交流与互动。社区还可以根据居民的需求和兴趣，不断创新和丰富活动类型，提高活动的趣味性和吸引力。

活动组织与管理：社区体育活动的组织和管理是确保活动顺利进行和取得良好效果的关键。社区应成立专门的体育活动组织团队，负责活动的策划、组织、执行和评估等工作。社区还应注重活动的安全性和公平性，确保每位居民都能在安全、公正的环境中参与活动，享受体育活动带来的乐趣。

活动影响与社区凝聚力：社区体育活动不仅能够丰富居民的业余生活，还能够增强社区的凝聚力和向心力。通过参与活动，居民能够增进彼此之间的了解，增进友谊，形成更加和谐、融洽的社区氛围。活动还能够提高社区的知名度和美誉度，吸引更多的游客和投资者。

（3）体育精神：内在灵魂，体现社区居民的体育价值观和体育精神风貌

体育精神是社区体育文化的内在灵魂，是社区居民在体育活动中所展现出的积极向上、团结协作、勇于拼搏的精神风貌。它体现了社区居民的体育价值观和体育精神追求，是社区体育文化的重要组成部分。

体育精神的内涵：体育精神包括积极向上、团结协作、勇于拼搏、公平竞

争等价值观念。这些价值观念在社区体育活动中得到了充分的体现和传承。通过参与体育活动，居民能够认识到团队合作的重要性，培养竞争意识和拼搏精神，提高综合素质和社交能力。

体育精神的培养与弘扬：社区应注重体育精神的培养与弘扬，通过举办各类体育活动和赛事，引导居民树立正确的体育观念和价值观。社区还可以通过媒体和社交平台等渠道，广泛宣传体育精神的内涵和价值，提高居民对体育精神的认知和认同。此外，社区还可以邀请体育明星和体育专家来社区开展讲座和培训活动，向居民传授体育知识和技能，提高他们的体育素养。

体育精神与社区文化建设：体育精神与社区文化建设相互促进、相辅相成。一方面，体育精神能够丰富社区文化的内涵和外延，提高社区文化的品质和水平。另一方面，社区文化建设也能够为体育精神的培养和弘扬提供有力的支持和保障。通过加强社区文化建设，营造积极向上的文化氛围，社区能够更好地激发居民的体育热情，改善居民的精神风貌，推动社区体育文化的繁荣发展。

2. 社区体育文化特点

社区体育文化作为社区生活的重要组成部分，不仅承载着居民对体育活动的热爱与追求，还深深植根于地域文化的土壤之中，展现出独特的魅力和特点。以下将从地域性、群众性和多元性三个方面，对社区体育文化的特点进行总结和分析。

（1）地域性：社区体育文化受地域文化的影响，具有鲜明的地域特色

社区体育文化作为地域文化的一种表现形式，深受当地历史、风俗、习惯等因素的影响，具有鲜明的地域特色。这种地域性不仅体现在体育活动的选择和开展上，还深深融入体育设施的建设、体育精神的培育以及体育文化的传承之中。

体育活动与地域文化相融合：体育活动往往与当地的传统文化和风俗习惯相融合，形成独具特色的体育活动形式。例如，在江南水乡，赛龙舟、划菱桶等传统水上运动深受居民喜爱；而在北方地区，滑雪、滑冰等冬季运动则较为普及。这些体育活动不仅丰富了居民的业余生活，还传承和弘扬了地域文化，增强了社区的凝聚力和向心力。

体育设施体现地域特色：社区体育设施的建设也往往体现出地域特色。例如，在具有浓郁民族特色的地区，社区可能会建设具有民族风格的体育场馆和设施，如仿古建筑风格的篮球场、足球场等。这些设施不仅满足了居民的体育锻炼需求，还成为展示地域文化的重要窗口。

体育精神与地域文化相呼应：社区体育精神作为社区体育文化的内在灵魂，也深受地域文化的影响。在不同地域的社区中，体育精神往往与当地人的性格、价值观等相契合。例如，在具有勤劳勇敢传统的地区，社区居民在体育活动中往往展现出勇于拼搏、团结协作的精神风貌；而在注重和谐共处的地区，社区居民更注重公平竞争、和谐共处的体育精神。

（2）群众性：社区体育文化面向广大社区居民，具有广泛的群众基础

社区体育文化作为一种面向广大社区居民的文化形态，具有广泛的群众基础。这不仅体现在社区居民对体育活动的积极参与上，还体现在社区体育文化对居民生活的深刻影响上。

社区居民积极参与体育活动：社区体育活动是社区居民日常生活的重要组成部分。无论是清晨的晨跑、傍晚的广场舞，还是周末的足球赛、篮球赛，都能看到社区居民的身影。这些活动不仅锻炼了居民的身体，还增进了彼此之间的友谊和了解，形成了良好、和谐的社区氛围。

社区体育文化影响居民生活方式：社区体育文化对居民生活方式的影响也是深远的。在具有浓厚体育氛围的社区中，居民往往更注重身体健康和体育锻炼，形成了积极向上的生活态度。社区体育文化还促进了居民之间的交流与互动，增强了社区的凝聚力和向心力，为构建和谐社区提供了有力支撑。

社区体育文化推动全民健身运动：社区体育文化作为全民健身运动的重要组成部分，具有广泛的群众基础和影响力。通过举办各类体育活动和赛事，社区能够吸引更多的居民参与到全民健身运动中来，提高居民的身体素质和健康水平。同时，社区体育文化还能够推动全民健身运动的普及和发展，为构建健康中国贡献力量。

（3）多元性：社区体育文化内容丰富、形式多样，能够满足不同居民的体育需求

社区体育文化作为一种综合性的文化形态，具有内容丰富、形式多样的特

点。这种多元性不仅体现在体育活动的种类和形式上，还体现在体育设施的建设、体育精神的培育以及体育文化的传承等方面。

体育活动种类多样：社区体育活动的种类多样，包括篮球、足球、羽毛球、乒乓球、游泳、健身等多种运动项目。这些项目不仅满足了不同年龄段、有不同兴趣爱好居民的需求，还促进了居民之间的交流与互动。同时，社区还可以根据居民的需求和兴趣，不断创新和丰富活动种类，提高活动的趣味性和吸引力。

体育设施功能完善：社区体育设施的建设也呈现出多元化的特点。除了传统的篮球场、足球场等运动场地外，社区还建设了游泳池、健身房、瑜伽馆等功能完善的体育设施。这些设施不仅满足了居民的体育锻炼需求，还为居民提供了多样化的休闲和娱乐选择。

体育精神与价值观多元：社区体育精神作为社区体育文化的内在灵魂，也呈现出多元化的特点。在不同地域和文化的社区中，体育精神往往与当地人的性格、价值观等相契合，形成了各具特色的体育精神风貌。这些体育精神不仅体现了社区居民的体育价值观和追求，还为社区体育文化的传承和发展提供了有力支撑。

体育文化传承与创新：社区体育文化在传承中也注重创新。在保留传统体育项目和文化元素的基础上，社区还积极引入现代体育理念和元素，推动体育文化的创新和发展。例如，将传统武术与现代健身理念相结合，形成独具特色的武术健身课程；将传统节庆活动与体育活动相结合，形成具有浓郁地域特色的体育节庆活动等。这些创新不仅丰富了社区体育文化的内涵和外延，还为社区居民提供了更多元化的体育选择和文化体验。

二、社区体育文化的功能与价值

（一）提高社区居民健康水平

在快节奏的现代生活中，身心健康成为人们日益关注的焦点。体育锻炼作为保持身体健康的重要途径，不仅有助于增强体质、提高免疫力，还能预防疾病、提高生活质量。体育精神作为体育文化的核心，对人们心理健康的积极影响同样不容小觑，它能够培养人们积极向上的生活态度，增强自信心和社交能力。以下将从这两个方面详细探讨体育锻炼与体育精神对身心健康的深远影响。

1. 体育锻炼对身体健康的促进作用

体育锻炼作为保持身体健康的基石，其重要性不言而喻。通过科学合理的体育锻炼，人们可以有效地增强体质、提高免疫力，从而预防疾病、提高生活质量。

（1）增强体质，提高免疫力

体育锻炼能够显著增强体质，这是其对人身体健康最直接、最显著的影响。在体育锻炼过程中，人体需要消耗大量的能量，这促使肌肉、骨骼、心血管等系统得到充分的锻炼和强化。长期坚持体育锻炼，可以使肌肉更加发达，骨骼更加坚固，心血管系统更加健康。

体育锻炼还能提高免疫力。免疫力是人体抵抗疾病侵袭的重要防线，而体育锻炼正是提高免疫力的有效途径之一。通过锻炼，人体的新陈代谢加快，血液循环得到改善，从而增强了免疫细胞的活性和数量，提高了人体的免疫力。

此外，体育锻炼还能促进内分泌系统的平衡，有助于调节激素水平，进一步增强人体的免疫力。例如，适量的有氧运动可以促进肾上腺素、去甲肾上腺素等激素的分泌，这些激素能够增强人体的应激能力和免疫力。

（2）预防疾病，提高生活质量

体育锻炼不仅有助于增强体质、提高免疫力，还能有效预防多种疾病。现代医学研究表明，许多慢性疾病如高血压、糖尿病、肥胖症等都与缺乏体育锻炼有关。通过科学合理的体育锻炼，可以降低患这些疾病的风险，甚至在一定程度上逆转病情。

例如，有氧运动如快走、慢跑、游泳等可以降低血压、改善心血管健康；力量训练如举重、俯卧撑等可以增强肌肉力量、改善骨骼健康；柔韧性训练如瑜伽、拉伸等可以放松身心、缓解压力。这些锻炼方式都有助于预防慢性疾病的发生和恶化。

此外，体育锻炼还能提高生活质量。通过锻炼，人们可以保持健康的体重、塑造优美的体形，增强自信心和幸福感。同时，锻炼还能提高人体的耐力和灵活性，使人们在日常生活中更加轻松自如地应对各种挑战。

2. 体育精神对心理健康的积极影响

体育精神作为体育文化的核心，对心理健康的积极影响同样不容忽视。它不仅能够培养人们积极向上的生活态度，还能增强人们的自信心和社交能力，为人们的心理健康提供有力的保障。

（1）培养积极向上的生活态度

体育精神的核心在于积极向上、勇于拼搏的精神风貌。这种精神风貌能够激励人们在面对困难和挑战时保持坚定的信念和积极的心态。在体育锻炼中，人们需要不断挑战自己的极限，克服各种困难和挫折，这不仅锻炼了人们的意志品质，还培养了人们积极向上的生活态度。

通过参与体育锻炼和竞技比赛，人们可以学会如何在失败中吸取教训、在成功中保持谦逊。这种积极向上的生活态度不仅有助于人们在工作和生活中保持高效和自信，还能帮助人们更好地应对各种压力和挑战。

此外，体育精神还鼓励人们追求卓越、不断进取。在体育锻炼中，人们需要不断突破自己的极限，追求更高的目标和更好的成绩。这种追求卓越的精神风貌能够激励人们在工作和生活中不断追求进步和发展，实现自我价值的最大化。

（2）增强自信心和社交能力

体育锻炼和竞技比赛为人们提供了一个展示自我、锻炼能力的平台。在这个平台上，人们可以展示自己的才华和实力，赢得他人的认可和尊重。这种经历不仅有助于增强人们的自信心，还能提高人们的社交能力。

在体育锻炼中，人们需要与队友、教练、对手等不同的人进行交流和互动。这种交流与互动不仅有助于人们更好地了解他人、理解他人，还能培养人们的沟通能力和团队协作精神。通过参与竞技比赛和团队活动，人们可以学会如何在团队中发挥自己的优势、弥补他人的不足，从而提高团队的凝聚力和战斗力。

此外，体育锻炼和竞技比赛还能帮助人们更好地应对社交焦虑和压力。在锻炼和比赛中，人们需要面对各种挑战和竞争，这有助于人们逐渐克服社交焦虑和恐惧心理。通过与他人互动和交流，人们可以逐渐建立良好的人际关系和社交网络，促进心理健康。

3. 体育锻炼与体育精神对身心健康的综合影响

体育锻炼与体育精神对身心健康的综合影响是深远的。它们不仅分别作用于身体健康和心理健康两个层面，还相互促进、相互补充，共同构成了人们身心健康的坚实基础。

（1）身体健康与心理健康的相互作用

身体健康与心理健康是相互依存、相互促进的。一方面，身体健康是心理健康的基础。只有身体健康的人才能拥有充沛的精力和良好的心态去面对生活中的各种挑战。另一方面，心理健康也对身体健康产生着重要的影响。积极的心态和乐观的情绪有助于调节人体的内分泌系统和免疫系统，从而增强人体的抗病能力和自我修复能力。

体育锻炼作为保持身体健康的重要途径，不仅有助于增强体质、提高免疫力，还能通过调节内分泌系统和免疫系统来改善心理状态。例如，适量的有氧运动可以促进肾上腺素、去甲肾上腺素等激素的分泌，这些激素能够增强人体的应激能力和免疫力；有氧运动还能促进大脑释放内啡肽等神经递质，这些物质有助于缓解焦虑、抑郁等负面情绪。

而体育精神则通过培养人们积极向上的生活态度和增强自信心、社交能力等方式来促进心理健康。这种精神风貌不仅有助于人们在面对困难和挑战时保持坚定的信念和积极的心态，还能帮助人们更好地应对各种压力和挑战，从而保持心理健康。

（2）体育锻炼与体育精神的相互促进

体育锻炼与体育精神是相互促进、相互补充的。

一方面，体育锻炼是体育精神的重要载体和表现形式。通过参与体育锻炼和竞技比赛，人们能够体验到拼搏进取、团结协作等体育精神所蕴含的内涵和价值。这种体验不仅有助于培养人们的意志品质和团队精神，还能激发人们对体育精神的热爱和追求。

另一方面，体育精神也为体育锻炼提供了强大的精神动力。在体育锻炼中，人们需要不断挑战自己的极限，克服各种困难和挫折。这种经历需要坚定的信念和积极的心态来支撑，而体育精神是这种信念和心态的重要来源。通过培养积极向上的生活态度和增强自信心、社交能力等方式，体育精神可以激励人们在体育锻炼中更加努力地拼搏进取、追求卓越。

（3）对策及建议

加强体育锻炼的普及和推广：政府和社会各界应加大对体育锻炼的宣传力度，提高人们对体育锻炼的认识和重视程度。同时，应建设和完善体育设施，为人们提供便捷、舒适的锻炼环境。

培养体育精神：在学校和家庭教育中，应注重培养孩子们的体育精神，包括积极向上、勇于拼搏、团结协作等品质。通过参与体育锻炼和竞技比赛等方式，让孩子们在实践中体验和理解体育精神的内涵和价值。

注重体育锻炼的科学性和有效性：在体育锻炼过程中，应注重科学性和有效性，避免盲目追求高强度、高难度的锻炼方式。在体育锻炼过程中，应根据个人的身体状况和运动能力制订合理的锻炼计划，并遵循循序渐进的原则。

加强心理健康教育和辅导：在注重身体健康的同时，也应加强对心理健康的关注和辅导。通过心理咨询、心理辅导等方式，帮助人们更好地应对生活中的各种压力和挑战，保持心理健康。

推动体育产业的发展：政府应加大对体育产业的扶持力度，推动体育产业的快速发展。通过发展体育产业，不仅可以为人们提供更多的体育锻炼和竞技比赛机会，还有助于培养人们的体育精神和文化素养。

（二）促进社区和谐与文化建设

在当今社会，随着城市化进程的加速，社区已经成为人们生活的基本单元。社区体育文化作为社区文化的重要组成部分，不仅具有健身娱乐的功能，还在凝聚人心、推动文化建设方面发挥着不可替代的作用。以下将深入探讨社区体育文化的凝聚作用及其对文化建设的推动作用，以期为促进和谐社区建设、提高居民文化素养提供有益参考。

1. 社区体育文化的凝聚作用

社区体育文化以其独特的魅力，成为连接社区居民之间的桥梁，加强了居民之间的联系与沟通，增进了邻里关系和睦，营造了和谐社区氛围。

（1）加强社区居民之间的联系与沟通

在现代社会中，虽然科技手段使人们的沟通变得更加便捷，但面对面的交流却逐渐减少。无论是篮球赛、足球赛等团队运动，还是太极拳、广场舞等集体活动，都需要居民之间的密切配合与协作。这些活动不仅锻炼了人们的身体，还拉近了人与人之间的距离，使居民在共同的目标和兴趣中找到归属感，加强了彼此之间的联系与沟通。

例如，社区举办的篮球友谊赛，不仅吸引了众多篮球爱好者的参与，还吸引了社区居民的围观和支持。在比赛中，参赛者通过团队协作和相互鼓励，展现了体育精神，同时也促进了与观众之间的交流与互动。这种面对面的交流，使居民之间的关系更加紧密，形成了和谐的社区氛围。

（2）增进邻里关系，营造和谐社区氛围

社区体育文化不仅加强了居民之间的联系，还通过一系列的活动和比赛，增进了邻里之间的关系，营造了和谐社区氛围。在参与体育活动的过程中，居民们有机会深入了解彼此的生活和兴趣，建立深厚的友谊。这种友谊不局限于体育活动本身，还延伸到了日常生活中，使邻里关系更加融洽。

例如，社区举办的广场舞比赛，不仅激发了居民们对舞蹈的热爱，更在比赛中增进了邻里之间的了解和友谊。居民在比赛中相互学习、相互支持，形成了良好的社区氛围，不仅有助于提高居民的幸福感和归属感，还有助于维护社区的和谐稳定。

2. 社区体育文化对文化建设的推动作用

社区体育文化作为社区文化的重要组成部分，不仅丰富了社区文化生活，提高了居民文化素养，还传承和弘扬了中华优秀传统文化，增强了社区文化认同感。

（1）丰富社区文化生活，提高居民文化素养

社区体育文化以其多样性和趣味性，为居民提供了丰富多彩的娱乐活动。无论是球类运动、健身操、武术表演等体育活动，还是社区运动会、体育节等赛事活动，都极大地丰富了社区文化生活，满足了居民多样化的文化需求。这些活动不仅锻炼了居民的身体，还提高了居民的文化素养和审美能力。

例如，社区举办的武术表演活动，不仅展示了中国传统武术的魅力，更让居民在欣赏表演的过程中感受到了中国传统文化的博大精深。这种体验不仅有助于提高居民的文化素养，还有助于激发他们对传统文化的热爱和传承。

此外，社区体育文化还通过举办各类讲座、培训班等活动，为居民提供了

学习和交流的平台。这些活动不仅有助于提高居民的专业技能和知识水平，还有助于培养他们的创新思维和团队协作能力。这些能力的提高，不仅有助于居民的个人发展，还有助于推动社区文化的繁荣和发展。

（2）传承和弘扬中华优秀传统文化，增强社区文化认同感

社区体育文化作为中国传统文化的重要组成部分，承载着丰富的历史和文化内涵。通过举办各类体育活动和比赛，社区体育文化不仅展示了中国传统体育项目的魅力，还传承和弘扬了中华优秀传统文化。这些活动不仅有助于提高居民的文化自信心和自豪感，还有助于增强社区文化认同感。

例如，社区举办的龙舟赛、舞龙舞狮等传统体育活动，不仅让居民感受到中国传统体育项目的独特魅力，更在比赛中传承了团结协作、勇于拼搏的体育精神。这种精神不仅与中华优秀传统文化相契合，还有助于激发居民们的爱国热情和民族自豪感。

此外，社区体育文化还通过举办各类传统节日庆祝活动，如春节运动会、元宵节灯谜会等，将中华传统文化与现代体育相结合，为居民提供了更加丰富多彩的文化体验。这些活动不仅有助于提高居民的文化素养和审美能力，还有助于增强他们对传统文化的认同感和归属感。

3. 深化社区体育文化建设的路径

为了充分发挥社区体育文化在凝聚人心、推动文化建设方面的作用，需要进一步深化社区体育文化建设，探索更加有效的路径和方法。

（1）加强社区体育设施建设

完善的体育设施是开展社区体育活动的基础。因此，我们需要加大对社区体育设施建设的投入力度，提高设施的质量和数量。这包括建设篮球场、足球场、健身房等体育设施，以及配备必要的运动器材和健身设备。同时，我们还需要加强对设施的维护和管理，确保设施的安全和正常使用。

（2）丰富社区体育活动内容

为了吸引更多居民参与社区体育活动，需要不断丰富活动内容。这包括举办各类体育赛事、健身操比赛、武术表演等活动，以及开展体育讲座、培训班等教育活动。同时，还需要注重活动的创新性和趣味性，通过引入新颖的项目和玩法，激发居民的参与热情和创造力。

（3）加强社区体育文化建设宣传

为了提高居民对社区体育文化的认知和认同感，需要加大宣传力度。这包括通过社区广播、宣传栏、微信公众号等渠道，宣传社区体育活动的信息和成果；还可以通过举办社区体育文化节等活动，展示社区体育文化的魅力和成果，提高居民的文化自信心和自豪感。

（4）加强社区体育文化建设和人才培养

为了推动社区体育文化建设的持续发展，需要加强人才培养。这包括培养专业的体育教练和裁判员，提高他们的专业素养和执法水平；还需要培养社区体育活动的组织者和策划者，提高他们的组织能力和创新意识。这些人才的培养和引进，可为社区体育文化的繁荣和发展提供有力的人才保障。

第二节　如何构建社区体育健身圈

一、社区体育设施的完善与利用

（一）社区体育设施的规划与建设

社区体育设施作为居民健身娱乐、增进邻里关系的重要场所，其规划、建设与融资机制的完善对于推动社区体育文化发展、提高居民生活质量具有重要意义。以下将从设施规划的原则与要求、资金来源与政策支持两个方面进行深入探讨，以期为社区体育设施的建设提供有益的参考。

1. 设施规划的原则与要求

社区体育设施的规划应充分考虑居民的实际需求，确保设施布局合理、功能完善，以满足不同年龄层、有不同兴趣爱好的居民对体育活动的多样化需求。

（1）布局合理，满足居民需求

均衡分布：社区体育设施应均衡分布在社区内部，确保每个区域的居民都能享受到体育设施带来的便利。

因地制宜：根据社区的地形地貌、人口分布、文化背景等因素，合理规划体育设施的位置和类型，使设施与社区环境相协调。

多元化需求：充分考虑不同年龄段、不同性别、不同身体条件的居民对体育活动的需求，配备多样化的体育设施，如篮球场、足球场、羽毛球场、游泳池、健身房等。

在规划阶段，通过问卷调查、座谈会等方式，广泛征求居民的意见和建议，确保设施规划符合居民的实际需求。

结合社区发展规划，预留足够的空间用于未来体育设施的建设和升级。

（2）设施完善，功能齐全

设施标准化：按照国家和地方的相关规定，确保体育设施的建设符合安全、环保、卫生等标准。

功能多样化：体育设施应具备多种功能，既能满足居民的健身需求，又能为社区体育活动、比赛等提供场所。

无障碍设计：考虑到老年人、残疾人等特殊群体的需求，体育设施应设置无障碍通道、残疾人专用设施等，以确保他们也能平等地享受体育设施带来的便利。

在建设过程中，注重设施的实用性和耐用性，选择优质的建筑材料和先进的施工工艺。

定期对体育设施进行检查和维护，确保其处于良好的使用状态。

2. 设施建设的资金来源与政策支持

社区体育设施的建设需要充足的资金支持，政府、社区、社会资本等多方应共同努力，形成多元化的融资渠道。

（1）政府投入与社区自筹相结合

政府应将社区体育设施建设纳入城市发展规划和财政预算，为社区体育设施建设提供必要的资金支持。

通过设立专项基金、提供建设补贴等方式，鼓励和支持社区体育设施的建设和升级。

社区可以通过物业费、公共收益等方式筹集资金，用于体育设施的日常维护和更新。

鼓励社区居民、企业等社会力量参与体育设施的建设和维护，形成共建共治共享的良好氛围。

（2）鼓励社会资本参与，拓宽融资渠道

通过政府和社会资本合作模式，吸引社会资本参与社区体育设施的建设和运营。政府与社会资本共同承担风险、分享收益，实现互利共赢。

鼓励企业、社会组织等社会力量投资社区体育设施，政府可给予一定的政策优惠和补贴。

利用互联网金融、众筹等新型融资方式，拓宽社区体育设施的融资渠道。

鼓励社区居民通过捐赠、赞助等方式支持体育设施的建设和维护。

（二）社区体育设施的开放与管理

社区体育设施作为提高居民健康水平、促进社区和谐发展的重要载体，其开放时间与方式、管理的规范化与专业化程度直接影响设施的使用效率和居民的体验。以下将从设施开放的时间与方式、设施管理的规范化与专业化两个方面，深入探讨社区体育设施的有效管理与运营策略。

1. 设施开放的时间与方式

（1）确保设施全天候开放，方便居民使用

为了满足不同时间段居民对体育设施的需求，社区体育设施应尽可能实现全天候开放。这不仅体现了设施服务的便捷性，也是提高设施利用率、增强居民满意度的关键。

灵活调整开放时间：根据居民的生活习惯和健身需求，灵活调整体育设施的开放时间，如延长晚间开放时间，增设周末和节假日开放时段。

智能化管理：利用智能门禁、在线预约等系统，实现设施的无人值守或自助服务，提高管理效率，降低运营成本。

照明与安全保障：确保设施在夜间或光线不足时的照明充足，同时加强安全监控，保障居民在设施内的安全。

某社区通过安装智能门禁系统，实现了体育设施的 24 小时自助开放。居民只需通过手机 App 预约并支付费用，即可在任意时间进入设施进行锻炼。该系统不仅提高了设施的利用率，还大大节省了人力成本。

（2）实行预约制度，提高设施利用率

为了避免设施使用高峰期的拥堵现象，提高设施的利用率，社区体育设施应实行预约制度。通过预约，居民可以合理规划自己的锻炼时间，避免排队等待，同时也有助于设施管理者更好地安排设施资源。

在线预约平台：建立社区体育设施在线预约平台，居民可通过手机 App、网站等方式进行预约。

预约规则制定：明确预约规则，如预约时间、取消预约的时间限制、预约未到的惩罚措施等，以确保预约制度的公平性和有效性。

数据分析与优化：利用预约数据，分析居民的健身习惯和需求，对设施的开放时间、项目设置等进行优化调整。

某社区体育中心通过引入在线预约系统，实现了对羽毛球场、篮球场等热门设施的精准管理。居民在预约时可以看到各设施的实时使用情况，从而选择合适的锻炼时间。该系统不仅提高了设施的利用率，还增强了居民的健身体验。

2. 设施管理的规范化与专业化

（1）建立完善的管理制度，明确管理职责

社区体育设施的管理需要一套完善的管理制度作为支撑，以确保设施的安全、高效运行。管理制度应涵盖设施的日常维护、安全管理、人员培训等方面。

制定管理制度：结合社区实际情况，制定体育设施管理制度，明确各项管理职责和操作流程。

责任到人：将管理职责落实到具体岗位和个人，确保每项工作都有专人负责。

定期考核与评估：对管理人员的工作进行定期考核和评估，及时发现并解决问题，提高管理水平。

某社区制定了详细的体育设施管理制度，包括对体育设施的日常检查、清洁消毒、安全巡查等内容。该社区还设立了专门的管理团队，负责设施的日常运营和维护。通过定期考核和评估，该社区体育设施的管理水平得到了显著提高。

（2）加强设施维护与保养，确保设施安全

体育设施的安全性和可靠性是居民使用的前提。为了确保设施的正常运行和延长使用寿命，必须加强对设施的维护与保养。

定期维护计划：制订设施定期维护计划，包括设备检查、更换易损件、清洁消毒等内容。

专业培训与认证：对管理人员进行设施维护与保养的专业培训，确保其具备必要的技能和知识。

应急预案制定：制定设施故障或安全事故的应急预案，确保在紧急情况下能够迅速响应并妥善处理。

某社区体育中心定期对设施进行维护和保养，包括检查健身器材的稳固性、更换磨损的部件、清洁消毒等。该中心还定期对管理人员进行设施维护与保养的培训，确保其能够熟练掌握相关技能。此外，该中心还制定了详细的应急预案，以应对可能发生的设施故障或安全事故。

二、社区体育活动的组织与推广

（一）社区体育赛事的举办与参与

社区体育赛事作为促进居民健康、增强社区凝聚力、丰富文化生活的重要载体，其策划、组织与参与体验对于赛事的成功举办和社区体育文化的繁荣发展具有至关重要的作用。以下将从赛事的策划与组织、赛事的参与体验两大方面，深入探讨社区体育赛事的运作机制与优化策略，旨在为构建活力社区提供有益的参考。

1. 赛事的策划与组织

赛事方案是社区体育赛事的蓝图，它涵盖了赛事的各个方面，从目标设定到任务分配，从时间安排到资源调配，都需要精心策划。

健康促进：首要目标是提高社区居民的身体素质和健康水平。

社区凝聚：通过赛事活动，增强社区居民之间的交流与互动，促进邻里关系的和谐。

文化传承：弘扬社区体育文化，传承体育精神，提高社区的文化内涵。

赛事项目选择：根据社区居民的体育兴趣和需求，选择适合的比赛项目，如篮球、足球、羽毛球、乒乓球等。

时间安排：确保赛事时间不与居民的工作、学习时间冲突，同时考虑天气、季节等因素。

场地与设施：提前规划并预订比赛场地，确保场地符合比赛要求，设施完善。

资金筹集：通过社区赞助、居民捐款、政府补贴等多种渠道筹集资金，确保赛事顺利进行。

2. 赛事任务的具体实施

（1）组建赛事团队

赛事组委会：负责赛事的整体策划、组织与协调。

裁判团队：确保比赛公正、公平，提高比赛的专业性。

志愿者团队：负责赛事现场的引导、服务等工作，提高赛事的温馨感。

（2）赛事流程设计

报名阶段：通过社区公告、微信群、公众号等渠道发布赛事信息，鼓励居民积极报名。

准备阶段：进行场地布置、设备检查、参赛者培训等准备工作。

比赛阶段：按照赛程安排，有序进行比赛，确保比赛安全、有序。

颁奖阶段：对优胜者进行表彰，提高居民的荣誉感和参与热情。

3. 加强赛事宣传，吸引居民参与

（1）宣传策略的制定

提高知名度：让社区居民了解赛事信息，提高赛事的知名度和影响力。

吸引参与：激发居民的参与热情，吸引更多居民报名参赛。

营造氛围：营造浓厚的体育氛围，提高社区居民的体育意识和健康观念。

（2）宣传手段的选择

线上宣传：利用社区公众号、微信群、微博等社交媒体平台，发布赛事信息、精彩瞬间、获奖名单等，吸引居民的关注和参与。

线下宣传：在社区公告栏、宣传栏、电梯间等显眼位置张贴赛事海报，同时在社区活动、集市等场合进行口头宣传。

4. 宣传效果的提高

（1）创意内容的制作

赛事亮点提炼：挖掘赛事的独特性和亮点，如比赛项目的新颖性、参赛者的精彩表现等，制作成有吸引力的宣传内容。

互动环节设计：通过投票、抽奖、问答等互动环节，增加居民的参与感和趣味性。

（2）宣传渠道的拓宽

合作伙伴宣传：与社区商家、学校、企业等建立合作关系，共同进行赛事宣传。

媒体合作：与本地电视台、广播电台、报纸等媒体合作，扩大赛事的覆盖面和影响力。

（3）宣传效果的评估

数据监测：通过社交媒体平台的数据分析工具，监测宣传内容的阅读量、点赞量、转发量等关键指标。

问卷调查：通过问卷调查了解居民对赛事宣传的满意度和参与度，以便及时调整宣传策略。

5. 赛事的参与体验

（1）鼓励居民积极报名参赛，体验体育运动的乐趣

在线报名：通过社区公众号、微信群等线上渠道，提供便捷的在线报名服务。

现场报名：在社区服务中心、活动场地等线下场合设立报名点，方便居民现场报名。

年龄范围：适当放宽参赛者的年龄限制，鼓励不同年龄段的居民参与。

技能水平：针对不同技能水平的居民设置不同的比赛组别，以确保每位参赛者都能找到适合自己的舞台。

（2）参赛体验的提高

传统项目：保留篮球、足球、羽毛球等传统比赛项目，满足不同居民的体育需求。

创新项目：引入趣味运动会、亲子运动会等创新项目，增加比赛的趣味性和居民的参与度。

裁判公正：确保裁判团队的专业性和公正性，对比赛规则进行统一解释和执行。

申诉机制：建立比赛申诉机制，对比赛中出现的争议进行及时处理和调解。

（3）参赛者的培训与支持

技能培训：在比赛前组织技能培训活动，提高参赛者的技能水平和比赛表现。

心理支持：提供心理咨询服务，帮助参赛者缓解比赛压力，增强自信心。

（二）社区体育健身活动的普及与宣传

在当今社会，随着人们生活水平的不断提高和健康意识的日益增强，社区体育健身活动已成为促进居民身心健康、增进邻里关系、提高社区凝聚力的重要途径。为了更有效地宣传和普及社区体育健身活动，需要从多方面入手，确保活动的多样性、趣味性和可持续性，同时改进宣传策略，提高居民的参与度和满意度。以下将从活动设计与组织、宣传策略与渠道以及效果评估与反馈三个方面进行详细探讨。

1. 活动设计与组织：多元化与个性化并重

（1）多元化活动设计

社区体育健身活动的多样性是吸引不同年龄段、不同兴趣爱好的居民参与的关键。我们可以根据社区居民的实际需求，设计涵盖各类体育项目的活动，如篮球、足球、羽毛球、乒乓球等球类运动，以及跑步、游泳、瑜伽、太极等有氧运动。此外，还可以结合节日庆典或特定主题，举办趣味运动会、亲子运动会等特色活动，增加活动的趣味性和互动性。

在设计活动时，还须注重活动的层次性和难度梯度，以满足不同体质和健身水平的居民需求。例如，可以设立初级、中级和高级课程，让初学者能够轻松入门，高手也能找到挑战快感。同时，还可以引入专业教练或志愿者团队，提供技术指导和安全监督，确保活动的专业性和安全性。

（2）个性化服务定制

除了多元化的活动设计外，个性化服务也是提高居民参与度和满意度的重要手段。社区可以根据居民的健身需求、兴趣爱好和身体状况，提供定制化的健身计划和指导。例如，针对老年人群体，可以开设适合其身体条件的太极、八段锦等课程；针对青少年群体，可以举办足球、篮球等团队运动比赛，培养他们的团队协作能力和竞技精神。

此外，社区还可以利用现代信息技术手段，如建立健身 App、微信公众号等，为居民提供线上健身课程、健康咨询和运动数据分析等服务。这些个性化服务不仅能够满足居民的多样化需求，还能提高他们的参与积极性和健康意识。

2. 宣传策略与渠道：线上线下相结合

（1）线上宣传策略

线上宣传是扩大社区体育健身活动影响力的有效途径。可以利用社交媒体平台（如微信、微博、抖音等）发布活动信息、健身知识和成功案例，吸引更多居民的关注和参与。还可以建立专门的社区健身交流群，为居民提供一个分享经验、交流心得的平台。

在线上宣传中，我们还可以运用大数据和人工智能技术，对居民的兴趣偏好、健身需求等进行精准分析，为他们推送个性化的健身内容和活动信息。这种精准化的宣传策略能够更有效地吸引目标群体的关注，提高活动的参与率。

（2）线下宣传渠道

线下宣传同样不可或缺。可以在社区公告栏、电梯间等公共场所张贴活动海报和宣传单页，让居民在日常生活中随时都能接触到相关信息。此外，还可以与社区周边的商家、学校等机构合作，共同举办或宣传体育健身活动，扩大活动的影响力和参与度。

为了增强线下宣传的互动性，还可以举办健康讲座、健身体验课等活动，让居民亲身体验健身的乐趣和好处。这些活动不仅能够提高居民的健康意识，还能激发他们的参与热情，为后续的社区体育健身活动打下良好的群众基础。

3. 效果评估与反馈：持续改进与创新

（1）效果评估机制

为了确保社区体育健身活动的普及与宣传效果，我们需要建立一套完善的效果评估机制。这包括对活动的参与度、满意度、健康改善情况等多个方面进行定量和定性的评估。通过收集和分析这些数据，我们可以了解活动的实际效果和存在的问题，为后续的优化和改进提供依据。

在评估过程中，还应注重居民的反馈意见。可以通过问卷调查、座谈会等方式，收集居民对活动的看法和建议。这些反馈意见能够直接反映居民的需求和期望，是改进活动设计和宣传策略的重要依据。

（2）持续改进与创新

基于效果评估和居民反馈，我们需要对社区体育健身活动进行持续改进和创新。一方面，可以根据评估结果调整活动内容和形式，优化宣传策略，提高活动的吸引力和居民的参与度。另一方面，还可以引入新的健身理念和技术手段，如智能健身设备、虚拟现实技术等，为居民提供更加便捷、高效和有趣的健身体验。

在持续改进和创新的过程中，还需要注重活动的可持续性。可以通过建立志愿者团队、引入社会资本等方式，为活动提供长期稳定的支持和保障。此外，加强与政府、企业等机构的合作，共同推动社区体育健身事业的发展。

第三节　居民健康获得感评估体系

一、社区居民健康水平的提高情况

（一）社区居民体质健康状况的监测与分析

在构建健康社区的过程中，对社区居民体质健康状况的监测与分析是至关重要的一环。通过系统、全面的监测，可以准确把握社区居民的体质健康现状，进而制定针对性的健康干预策略，提高居民的整体健康水平。以下将从监测体系构建、数据分析方法以及结果应用三个方面进行详细阐述。

1. 监测体系构建：科学性与全面性并重

（1）监测指标的选择

监测指标的选择是构建监测体系的基础。为了确保监测的科学性和全面性，需要综合考虑身体形态、生理功能、身体素质及心理健康等维度。身体形态指标如身高、体重、BMI 等，能够直观反映居民的体型特征和肥胖程度；生理功能指标如血压、心率、肺活量等，则能够评估居民的心血管系统、呼吸系统等重要器官的功能状态；身体素质指标如握力、反应、平衡能力等，则能够反映居民的基本运动能力和身体协调性；心理健康指标如焦虑、抑郁等，则能够评估居民的心理状态，为心理健康干预提供依据。

（2）监测方法的标准化

为了确保监测数据的准确性和可比性，需要使监测方法标准化。这包括制定统一的监测标准、操作流程和数据记录方式，确保不同监测人员在不同时间、地点进行监测时，能够得出一致的结果。同时，还需要定期对监测设备进行校准和维护，以确保设备的准确性和可靠性。

（3）监测周期的设定

监测周期的设定需要根据实际情况进行灵活调整。对于身体健康状况良好的居民，可以适当延长监测周期，如每年进行一次全面监测；对于存在健康风险的居民，需要缩短监测周期，如每季度或每月进行一次监测，以便及时发现健康问题并进行干预。

2. 数据分析方法：多维度与深层次挖掘

（1）描述性分析

描述性分析是数据分析的基础步骤，它通过对监测数据进行整理、归纳和描述，揭示数据的总体特征和分布情况。例如，我们可以计算居民的平均身高、体重、BMI 等指标，了解社区居民的体型特征；还可以统计不同年龄段、性别居民的血压、心率等生理指标的分布情况，为后续的深入分析提供依据。

（2）相关性分析

相关性分析是探索不同监测指标之间关系的重要方法。通过计算相关系数，我们可以了解不同指标之间的关联程度，如 BMI 与血压、心率等生理指标之间的关系。这种分析有助于我们深入理解健康问题的成因和机制，为制定干预策略提供科学依据。

（3）聚类分析与预测模型

聚类分析和预测模型是数据分析的高级应用。聚类分析可以将具有相似特征的居民划分为不同的群体，有助于我们识别健康风险人群和制定针对性的干预策略。而预测模型则可以根据历史监测数据，预测未来居民的健康状况和发展趋势，为健康管理和预防工作提供前瞻性的指导。

3. 结果应用：精准干预与持续跟踪

（1）精准干预策略的制定

根据监测和分析结果，我们可以制定精准的干预策略。例如，对于存在高血压风险的居民，我们可以为其提供低盐饮食、适量运动等健康建议；对于BMI 超标的居民，则可以为其制订个性化的减肥计划。这些干预策略需要综合考虑居民的个人特征、健康状况和需求，以确保针对性和有效性。

（2）健康教育与健康促进

监测和分析结果还可以用于健康教育和健康促进工作。可以通过社区讲座、健康咨询、宣传册等方式，向居民普及健康知识，增强他们的健康意识和自我管理能力。同时，还可以组织健康促进活动，如健身比赛、健康讲座等，激发居民的健康热情，促进健康行为的形成。

（3）持续跟踪与效果评估

干预策略的实施需要持续跟踪和效果评估。我们可以定期对居民进行复查和监测，了解干预策略的效果和居民的健康状况变化。同时，还需要建立反馈机制，收集居民的意见和建议，不断对干预策略进行优化和改进。通过持续跟踪和效果评估，我们可以确保干预策略的有效性和可持续性，为社区居民的体质健康提供长期保障。

（二）社区居民对健康知识与技能的掌握程度

在构建健康社区、提高居民体质健康水平的进程中，健康知识的宣传与教育普及以及健康技能的学习与实践扮演着至关重要的角色。通过系统的健康知识宣传与教育，居民能够提高健康意识，增强自我保健能力；健康技能的学习与实践则能帮助居民在日常生活中积极有效应对健康挑战，提高生活质量。以下将详细探讨健康知识宣传与教育的普及情况以及健康技能的学习与实践情况。

1. 健康知识宣传与教育的普及情况

健康知识宣传与教育是提高居民健康素养、预防疾病的重要手段。社区通过举办健康知识讲座、开展宣传活动等方式，可以有效地将健康知识传播给居民，提高居民的健康意识和自我保健能力。

（1）举办健康知识讲座、开展宣传活动，提高居民健康素养

为了普及健康知识，提高居民健康素养，社区定期举办健康知识讲座。这些讲座邀请医疗专家、营养师、心理咨询师等专业人士，围绕居民关心的健康

问题，如慢性病预防、合理膳食、心理健康等进行深入讲解。讲座内容既涵盖理论知识，又结合实际操作，确保居民能够听懂、学会、用得上。

除了讲座外，社区还通过悬挂横幅、发放宣传资料、设置健康知识宣传栏等方式，进行广泛的健康知识宣传。这些宣传活动以图文并茂的形式，直观生动地展示健康知识，吸引居民驻足观看，提高健康知识的普及率。

（2）加强对健康知识的宣传与教育，增强居民健康意识

为了进一步增强居民的健康意识，社区还要加强对健康知识的宣传与教育。在社区广播、微信群、微信公众号等新媒体平台上，定期发布健康资讯、健康小贴士，让居民随时随地都能获取健康知识。同时，社区还组织居民参与健康知识竞赛、健康知识问卷调查等活动，以有趣的方式检验和提高居民的健康知识水平。

此外，社区还要注重将健康知识融入居民的日常生活。例如，在社区食堂推广健康饮食，提供低盐、低脂、高纤维的菜品；在社区公园设置健康步道，鼓励居民进行有氧运动；在社区活动中心举办心理健康讲座，引导居民关注心理健康。这些举措不仅让居民在日常生活中感受到健康知识的魅力，还促进了健康行为的形成。

2. 健康技能的学习与实践情况

健康技能的学习与实践是居民将健康知识转化为实际行动的关键环节。通过组织居民学习急救技能、运动技能等健康技能，并鼓励他们将所学技能应用于日常生活中，可以有效地提高居民的生活质量。

（1）组织居民学习健康技能

为了提高居民的健康技能水平，社区定期举办健康技能培训活动。这些培训活动包括急救技能、运动技能等多个方面。在急救技能方面，社区邀请专业急救人员，为居民讲解心肺复苏、止血包扎等基本急救知识，并组织居民进行实操练习，以确保他们在遇到紧急情况时能够迅速、准确地采取行动。

在运动技能方面，社区组织居民学习瑜伽、太极、健身操等适合不同年龄段、不同体质的运动项目。这些运动项目不仅有助于增强居民的身体素质，还能提高他们的心理调适能力。通过专业教练的指导，居民能够掌握正确的运动姿势和呼吸方法，避免运动损伤，享受运动带来的乐趣。

（2）鼓励居民将健康技能应用于日常生活中，提高生活质量

健康技能的学习不仅仅是为了应对紧急情况或提高身体素质，更重要的是要将其应用于日常生活中，形成健康的生活方式。为此，社区鼓励居民将所学健康技能融入日常生活，如定期进行有氧运动、合理搭配膳食、保持良好的心态等。

为了激励居民实践健康技能，社区还要开展一系列健康促进活动。例如，组织居民参加健康跑、徒步大会等运动赛事，让他们在实践中体验运动的乐趣；在社区食堂推广健康饮食，鼓励居民尝试低盐、低脂、高纤维的菜品；在社区活动中心开设心理健康讲座，引导居民学会自我调节情绪、缓解压力。这些活动不仅让居民在实践中巩固了所学健康技能，还促进了社区的健康氛围。

此外，社区还建立了健康技能交流平台，鼓励居民分享自己的健康技能学习心得和实践经验。通过交流，居民可以相互学习、相互启发，共同提高健康技能水平。同时，社区还定期举办健康技能展示活动，如急救技能竞赛、健身操表演等，让居民在其中展示自己的风采，增强自信心和成就感。

二、社区体育文化的传播与影响

（一）社区体育文化的辐射力与影响力

在构建健康社区、提高居民体质健康水平的进程中，社区体育文化的传播与发展占据着举足轻重的地位。社区体育文化不仅丰富了居民的业余生活，还促进了居民之间的交流与互动，增强了社区的凝聚力和向心力。以下将详细探讨社区体育文化的传播渠道与方式，以及社区体育文化对居民的影响程度。

1. 社区体育文化的传播渠道与方式

社区体育文化的传播依赖于多元化的渠道和方式，以确保信息的广泛覆盖和深入渗透。通过利用社区宣传栏、微信公众号等渠道，以及举办社区体育文化节等活动，可以有效地传播社区体育文化，激发居民对体育活动的兴趣和热情。

（1）利用社区宣传栏、微信公众号等渠道，传播社区体育文化

社区宣传栏作为传统的信息传播平台，具有直观、便捷的特点。社区工作

人员定期在宣传栏上发布体育活动的通知、赛事预告、健康小贴士等内容，让居民在日常生活中随时都能接收体育文化的信息。这些宣传内容不仅涵盖了体育活动的具体信息，还融入了健康生活的理念，引导居民树立正确的健康观念。

随着移动互联网的普及，微信公众号成为社区体育文化传播的新阵地。社区通过开设微信公众号，定期发布体育活动的新闻报道、精彩瞬间、健康知识等内容，吸引了大量居民的关注和参与。微信公众号不仅提供了便捷的信息获取渠道，还通过互动功能，如评论、点赞、转发等，增强了居民之间的交流与互动，形成了良好的社区体育文化氛围。

（2）举办社区体育文化节等活动，展示社区体育文化的魅力

为了更直观地展示社区体育文化的魅力，社区定期举办体育文化节等活动。这些活动包括体育比赛、健身操表演、健康讲座等形式，旨在让居民在参与中感受体育文化的魅力，提高对体育活动的兴趣和热情。

体育文化节期间，社区会邀请专业教练、运动员、健康专家等人士，为居民提供指导和服务。他们不仅传授运动技能，还分享健康生活的理念和方法，帮助居民树立正确的健康观念。同时，体育文化节还为居民提供了展示自我的平台，让他们在实践中体验运动的乐趣，增强自信心和成就感。

2. 社区体育文化对居民的影响程度

社区体育文化对居民的影响是多方面的，它不仅改变了居民的生活方式，还提高了他们的健康观念。通过问卷调查、访谈等方式，可以深入了解居民对社区体育文化的认知与态度，以及社区体育文化对居民生活方式、健康观念等方面的影响。

（1）通过问卷调查、访谈等方式，了解居民对社区体育文化的认知与态度

为了准确了解居民对社区体育文化的认知与态度，社区要定期开展问卷调查和访谈活动。这些活动涵盖了不同年龄层、不同职业背景的居民，以确保数据的全面性和代表性。

问卷调查结果显示，大部分居民对社区体育文化持积极态度，认为体育活动有助于增强体质、缓解压力、增进友谊。他们表示愿意参与社区组织的体育活动，并希望社区能够提供更多样化、更有趣的体育活动选择。但是，也有部分居民对体育活动持观望态度，他们担心自己的运动能力有限，无法融入集体

活动中。针对这部分居民，社区可以通过提供个性化的运动指导、组织小型体育活动等方式，逐步引导他们积极参与体育活动，享受运动的乐趣。

在访谈中，居民们纷纷表示，社区体育文化节的举办让他们更加直观地感受到了体育文化的魅力。通过参与活动，他们不仅学到了运动技能，还结识了新朋友，增强了社区的凝聚力。同时，他们也希望社区能够继续加强体育文化的传播，让更多人了解并参与到体育活动中来。

（2）社区体育文化对居民生活方式、健康观念等方面的影响

社区体育文化对居民生活方式的影响是显著的。随着体育活动的普及和深入，越来越多的居民开始注重运动健身，将体育活动纳入日常生活中。他们通过参加社区组织的体育活动，不仅增强了体质，还提高了生活质量。体育活动也成了居民之间交流互动的重要平台，增强了社区的凝聚力和向心力。

在健康观念方面，社区体育文化也发挥了积极作用。通过参与体育活动，居民逐渐树立了正确的健康观念，认识到运动健身对于预防疾病、延缓衰老、提高生活质量的重要性。他们开始关注自己的饮食健康、作息规律等方面，努力保持健康的生活方式。社区体育文化还促进了居民之间的健康知识传播和共享，形成了良好的健康氛围。

此外，社区体育文化还对居民的心理健康产生了积极影响。通过参与体育活动，居民能够释放压力、缓解焦虑情绪，提高心理调适能力。这对于维护居民的心理健康、促进社会和谐稳定具有重要意义。

（二）社区体育文化对周边地区的带动作用

社区体育文化作为现代城市文明的重要组成部分，不仅关乎居民个体的身心健康，还会对周边社区乃至整个区域的经济、文化和社会生活产生深远影响。通过加强与周边社区的交流与合作，分享社区体育文化建设的经验与成果，社区体育文化能够发挥其对周边社区的辐射作用，同时，借助体育赛事、健身活动等平台，社区体育文化还能有效促进区域经济的发展，提高区域的知名度和美誉度。

1. 社区体育文化对周边社区的辐射作用

社区体育文化如同一股清流，不仅滋润着本社区居民的心田，更以其独特

的魅力，对周边社区产生积极的辐射作用，共同推动社区体育文化的发展，促进区域文化的繁荣。

（1）加强与周边社区的交流与合作，共同推动社区体育文化的发展

社区体育文化的繁荣离不开与周边社区的紧密交流与合作。通过组织跨社区的体育赛事、健身活动、文化交流等，社区间能够建立良好的沟通桥梁，共同分享体育文化的成果与经验。这种交流与合作不仅有助于增进社区间的友谊，还能激发社区体育文化的创新力，推动社区体育文化向更高层次发展。

例如，社区可以与周边社区共同举办“社区杯”足球赛、篮球赛等体育赛事，增强社区间的凝聚力，同时，也为居民提供了展示自我、挑战自我的平台。此外，社区还可以邀请周边社区的体育爱好者参加健身操、瑜伽等健身活动，共同分享运动的乐趣，促进社区间体育文化的交流与融合。

在交流与合作的过程中，社区间可以相互借鉴、相互学习，共同探索具有本地特色的社区体育文化发展路径。通过分享体育设施、教练资源等，社区间可以实现资源共享，降低运营成本，提高资源利用效率，共同推动社区体育文化的发展。

（2）分享社区体育文化建设的经验与成果，带动周边社区体育文化的繁荣

社区体育文化的繁荣离不开长期的积累和沉淀。在发展过程中，社区会形成一系列具有本地特色的体育文化活动、品牌赛事和健身项目。这些成果和经验是社区体育文化宝贵的财富，也是带动周边社区体育文化繁荣的重要动力。

社区可以通过举办体育文化交流会、体育设施开放日等活动，向周边社区展示体育文化建设的成果和经验。通过这些活动，周边社区的居民可以近距离感受社区体育文化的魅力，了解社区在体育设施建设、体育活动组织、体育文化传播等方面的经验和做法。这有助于激发周边社区居民对体育文化的兴趣，促进他们积极参与社区体育文化活动，推动周边社区体育文化的繁荣。

同时，社区还可以与周边社区共同策划、组织跨社区的体育文化活动，如联合举办运动会、健身挑战赛等，通过体育文化活动的举办，增进社区间的友谊，促进体育文化的交流与传播。这种跨社区的体育文化活动不仅能够丰富居民的文化生活，还能提高社区的知名度和影响力，为社区体育文化的发展注入新的活力。

2. 社区体育文化对区域经济发展的促进作用

社区体育文化不仅关乎居民个体的身心健康，还对区域经济的发展产生积极影响。

（1）通过举办体育赛事、健身活动等，吸引游客与投资者，促进区域经济发展

体育赛事和健身活动作为社区体育文化的重要组成部分，具有很大的吸引力和影响力。通过举办高水平的体育赛事和丰富多彩的健身活动，社区能够吸引大量游客和投资者的关注，为区域经济的发展注入新的动力。

例如，社区可以与周边地区共同举办国际马拉松赛、篮球锦标赛等高水平体育赛事。这些赛事不仅能够吸引大量游客前来观赛、旅游，还能带动周边餐饮、住宿、交通等产业的发展，为区域经济创造可观的收益。同时，赛事的举办还能提高社区的知名度和影响力，为社区吸引更多的投资和合作机会。

此外，社区还可以举办健身操、瑜伽等健身活动，吸引周边居民前来参与。这些活动不仅能够增强居民的体质，还能促进社区间的交流与合作，为区域经济的发展提供新的增长点。

（2）依托社区体育文化，打造特色旅游品牌，提高区域知名度与美誉度

社区体育文化作为区域文化的重要组成部分，具有独特的魅力和价值。依托社区体育文化，打造特色旅游品牌，不仅能够提高区域的知名度和美誉度，还能为区域经济的发展提供新的动力。

例如，社区可以充分挖掘本地体育文化资源，打造具有地方特色的体育旅游品牌。如依托山地资源，开展山地越野赛、攀岩等户外体育活动；依托水资源，开展皮划艇、游泳等水上体育活动。这些活动不仅能够吸引游客前来体验，还能让游客在参与中感受到社区体育文化的魅力，提高对区域的认同感和归属感。

此外，社区还可以将体育文化元素融入旅游产品中，如开发体育主题酒店、体育旅游线路等，为游客提供更加丰富多样的旅游体验。通过这些举措，社区不仅能够提高区域的知名度和美誉度，还能为区域经济的发展注入新的活力。

第七章　企业体育文化的组织效能开发

第一节　现代企业体育文化的管理价值

一、企业体育文化的定义与构成

（一）企业体育文化的内涵与外延

作为企业文化的重要组成部分，企业体育文化不仅承载着企业精神与体育精神，还在企业的全面发展中发挥着不可替代的作用。它不仅仅是一种体育活动或健身方式的集合，更是一种企业文化和价值观的体现，通过其丰富的内涵和广泛的外延，深刻影响着企业的各个方面。

1. 企业体育文化的核心定义

企业体育文化，简而言之，是企业文化与体育精神相互融合、相互促进的一种文化形态。它强调将体育精神融入企业文化之中，通过体育活动、健身方式以及体育精神的传承，塑造企业独特的文化氛围和团队精神，进而推动企业的全面发展。

（1）企业文化与体育精神的融合

企业文化是企业长期发展过程中形成的独特精神风貌和价值观念，体现了企业的使命、愿景和核心价值观。而体育精神是一种追求卓越、勇于挑战、团结协作的精神，它强调个人的拼搏精神和集体的凝聚力。企业体育文化的核心就在于将这两种精神相互融合，形成独具特色的企业文化氛围。

在企业体育文化中，企业文化为体育活动提供了精神支撑和价值导向，使体育活动不仅仅是身体的锻炼，更是精神的洗礼和团队精神的培育。而体育精神则赋予了企业文化更多的活力和动力，使企业文化更加积极向上、充满生机，这不仅提高了企业的凝聚力，还增强了员工的归属感和自豪感，为企业的持续发展提供了强大的精神支持。

（2）企业体育文化在企业发展中的作用

企业体育文化在企业发展中扮演着举足轻重的角色。它不仅能够提高员工的身体素质和身心健康，还能增强企业的凝聚力和战斗力，促进企业的创新发展。

首先，企业体育文化通过组织丰富多彩的体育活动，如篮球赛、足球赛、健身操等，为员工提供了锻炼身体、放松心情的平台。这些活动不仅能够增强员工的体质，还能缓解工作压力，提高工作效率。同时，体育活动还能够促进员工之间的交流与互动，增进彼此之间的了解和信任，为企业的团队合作打下坚实的基础。

其次，企业体育文化通过弘扬体育精神，如拼搏进取、团结协作、勇于挑战等，激发了员工的积极性和创造力。体育精神不仅能够帮助员工在面对困难和挑战时保持坚定的信念和勇气，还能够激发员工的创新思维和创造力，为企业的创新发展提供源源不断的动力。

最后，企业体育文化还能够提高企业的品牌形象和知名度。通过组织高水平的体育赛事和健身活动，企业能够展示自身的实力和风采，吸引更多的关注和赞誉。这些活动不仅能够增强企业的社会责任感和公益形象，还能够为企业的市场拓展和品牌建设提供有力的支持。

2. 企业体育文化的外延拓展

企业体育文化的外延拓展涵盖了企业体育活动的各个方面，如体育赛事、体育健身、体育精神等，体现了企业体育文化的广泛性和包容性。它不仅包括企业内部的体育活动和健身方式，还包括企业与外部社会、其他企业之间的体育交流与合作。

（1）涵盖企业体育活动的各个方面，如体育赛事、体育健身、体育精神等

企业体育活动是企业体育文化的重要组成部分，它包括各种类型的体育赛事、健身活动和体育精神的传承。体育赛事如篮球赛、足球赛、羽毛球赛等，不仅为员工提供了展示个人技能和团队协作的平台，还能够增强企业的凝聚力和战斗力。健身活动如瑜伽课、健身操、跑步等，则能够帮助员工保持健康的

体魄和愉悦的心情，提高工作效率和生活质量。而体育精神的传承则通过弘扬拼搏进取、团结协作、勇于挑战等精神，激发员工的积极性和创造力，为企业的创新发展提供动力。

这些体育活动不仅丰富了员工的业余生活，还促进了员工之间的交流与互动，增强了企业的凝聚力和团队精神。这些活动还能够展示企业的实力和风采，提高企业的品牌形象和知名度。

（2）体现企业体育文化的广泛性和包容性

企业体育文化的广泛性和包容性体现在其涵盖的范围和影响力上。它不仅包括企业内部的体育活动和健身方式，还包括企业与外部社会、其他企业之间的体育交流与合作。

在企业内部，企业体育文化通过组织各类体育活动和健身方式，满足了员工多样化的需求和兴趣。这些活动不仅增强了员工的身体素质和身心健康，还促进了员工之间的交流与互动，增进了彼此之间的了解和信任。企业体育文化还通过弘扬体育精神，激发了员工的积极性和创造力，为企业的创新发展提供了动力。

在外部社会层面，企业体育文化通过参与社会公益活动、赞助体育赛事等方式，积极履行社会责任，展示企业的实力和风采。这些活动不仅能够提高企业的社会责任感和公益形象，还能够为企业的市场拓展和品牌建设提供有力的支持。同时，通过与外部社会的交流与合作，企业能够学习到更多的先进经验和理念，不断提高自身的竞争力和综合实力。

与其他企业之间的体育交流与合作也是企业体育文化的重要体现。通过组织跨企业的体育赛事和交流活动，企业能够增进与其他企业之间的了解和友谊，促进合作与发展。这些活动不仅能够为企业带来新的商业机会和合作伙伴，还能够提高企业的知名度和影响力，为企业的长远发展打下坚实的基础。

（二）企业体育文化的构成要素与特点

作为企业文化与体育精神深度融合的产物，企业体育文化不仅丰富了员工的业余生活，还促进了企业内部的团队协作与凝聚力。其构成要素主要包括体育设施、体育组织和体育精神，这三者共同构成了企业体育文化的基石，为企业体育活动的顺利开展提供了有力的保障。

1. 体育设施：企业体育活动的物质基础

体育设施是企业体育活动得以开展的基础和前提，它们为企业员工提供了进行体育锻炼和竞技的场所和设施。体育设施的完善与否，不仅直接关系到企业体育活动的质量和效果，也影响着员工参与体育活动的积极性和热情。

（1）体育设施的种类与功能

企业体育设施种类繁多，包括但不限于篮球场、足球场、羽毛球场、乒乓球室、健身房、游泳池等。这些设施不仅满足了员工多样化的运动需求，还为企业组织各类体育赛事和活动提供了必要的场所。例如，篮球场和足球场可用于举办篮球赛和足球赛，增强员工的团队协作和竞技能力；健身房和游泳池则可用于员工的日常健身和放松，提高员工的身体素质和身心健康。

（2）体育设施的维护与更新

体育设施的维护与更新是企业体育文化持续发展的重要保障。企业应当定期对体育设施进行检查和维护，确保其安全、卫生和正常使用。同时，随着企业规模的扩大和员工运动需求的增加，企业还需要适时更新和升级体育设施，以满足员工更高层次的运动需求。例如，引入更先进的健身器材、优化运动场地布局等，都能提高员工的运动体验和满意度。

（3）体育设施与企业文化的融合

体育设施不仅是企业体育活动的物质基础，更是企业文化的重要载体。企业可以通过在体育设施上设置企业文化标语、悬挂企业旗帜等方式，将企业文化与体育设施相结合，营造积极向上的企业文化氛围。这种融合不仅有助于提高员工的归属感和自豪感，还能增强企业的凝聚力和战斗力。

2. 体育组织：企业体育活动的组织保障

体育组织是企业体育活动得以有序开展的重要保障，它们负责企业体育活动的规划、组织、协调和实施。一个完善的体育组织体系，能够确保企业体育活动的顺利进行，提高员工的参与度和满意度。

（1）体育组织的结构与职责

企业体育组织通常包括体育委员会、体育协会、体育俱乐部等层级结构。体育委员会是企业体育活动的最高决策机构，负责制定企业体育活动的总体规划和政策；体育协会负责具体体育项目的组织和管理，如篮球协会、足球协会等；体育俱乐部是员工自愿加入的体育组织，为员工提供交流和竞技的平台。这些组织各司其职，共同构成了企业体育活动的组织保障体系。

（2）体育组织的活动开展

企业体育组织通过定期举办各类体育赛事和活动，如篮球赛、足球赛、羽毛球赛、健身操比赛等，激发员工的运动热情，提高员工的团队协作和竞技能力。同时，这些活动还能增进员工之间的友谊和了解，促进企业内部的和谐与稳定。此外，企业体育组织还可以组织员工参加外部体育赛事和交流活动，提高企业的知名度和影响力。

（3）体育组织的培训与提高

为了提高体育组织的组织能力和专业水平，企业应当定期对体育组织的成员进行培训和提高。培训内容可以包括体育赛事的组织与管理、运动技能的培训与提高、团队协作与沟通技巧等。通过培训，体育组织的成员能够更好地履行职责，为企业体育活动的顺利开展提供有力的保障。

3. 体育精神：企业体育文化的灵魂和核心

体育精神是企业体育文化的灵魂和核心，体现了企业体育文化的价值观念和精神追求。体育精神不仅激励着员工积极参与体育活动，还促进了企业内部的团队协作和凝聚力。

（1）体育精神的内涵与特点

体育精神包括拼搏进取、团结协作、勇于挑战、追求卓越等价值观念。这些价值观念不仅体现了体育运动的本质特征，也与企业文化的核心价值观相契合。拼搏进取的精神激励着员工不断超越自我，追求卓越；团结协作的精神则促进了员工之间的沟通与协作，增强了企业的凝聚力。

（2）体育精神在企业文化中的体现

体育精神在企业文化中的体现是多方面的。首先，企业可以通过在体育活动中弘扬体育精神，激发员工的积极性和创造力。例如，在篮球赛和足球赛中强调团队协作和拼搏进取的精神，让员工在竞技中感受到团队的力量和个人的价值。其次，企业可以将体育精神融入日常工作中，鼓励员工在面对困难和挑战时保持坚定的信念和勇气。这种精神不仅能够提高员工的工作效率和创造力，还能增强企业的竞争力和综合实力。

（3）体育精神的传承与发展

体育精神的传承与发展是企业体育文化持续发展的重要保障。企业应当通过定期举办体育文化活动、宣传体育精神等方式，让员工深刻理解和认同体育精神的价值和意义。同时，企业还应当鼓励员工将体育精神融入个人成长和职业发展中，不断提高自身的综合素质和能力水平。这种传承与发展不仅能够丰富企业文化的内涵和底蕴，还能为企业的发展注入新的活力和动力。

二、企业体育文化的功能与价值

（一）提高员工健康水平与工作效率

在快节奏的现代生活中，企业员工的健康问题日益受到关注。企业体育文化作为企业文化的重要组成部分，不仅丰富了员工的业余生活，更在提高员工健康水平方面发挥着不可替代的作用。以下将从体育活动对身体健康的促进作用以及体育精神对心理健康的积极影响两个方面，深入探讨企业体育文化如何助力员工健康水平的提高。

1. 体育活动对身体健康的促进作用

体育活动是企业体育文化的基础和核心，它通过直接的身体锻炼，对员工的身体健康产生显著的促进作用。

（1）增强体质，提高免疫力

体育活动能够增强员工的体质，提高身体的免疫力。定期参与体育活动，如跑步、游泳、篮球比赛等，可以锻炼心肺功能，增强肌肉力量，提高身体的耐力和灵活性。这些身体机能的提高，有助于员工抵抗疾病，减少因身体虚弱而引发的健康问题。同时，体育活动还能促进血液循环，加速新陈代谢，有助于身体排毒和养分的吸收，进一步维护身体健康。

（2）预防慢性疾病

体育活动在预防慢性疾病方面同样具有显著效果。长期缺乏运动是导致肥胖、高血压、糖尿病等慢性疾病的主要原因之一。而积极参与体育活动，可以帮助员工控制体重，降低血压和血糖水平，从而有效预防这些疾病的发生。此外，体育活动还能改善睡眠质量，减少失眠和焦虑等睡眠障碍，维护员工的身心健康。

（3）提高工作效率和生活质量

体育活动不仅促进身体健康，还能提高员工的工作效率和生活质量。通过体育活动，员工可以释放工作压力，缓解疲劳，改善精神状态。这种身心的愉悦和放松，有助于员工在工作中保持更高的专注度和创造力，从而提高工作效率。同时，体育活动还能丰富员工的业余生活，提高生活品质，使员工在忙碌的工作之余享受到运动的乐趣，获得成就感。

2. 体育精神对心理健康的积极影响

体育精神是企业体育文化的灵魂和精髓，它通过激发员工的内在动力，对员工的心理健康产生积极的影响。

（1）培养积极心态，增强自信心

体育精神强调拼搏进取、永不言败的精神品质。这种精神能够培养员工的积极心态，使他们在面对困难和挑战时，保持坚定的信念和勇气。通过参与体育活动，员工可以在竞争中锻炼自己的意志品质，提高自信心和抗压能力。这种积极的心态和自信心，不仅有助于员工在工作中勇敢应对各种挑战，还能提高他们的社交能力和人际关系。

（2）缓解压力，改善情绪

体育活动是缓解工作压力和改善情绪的有效途径。在忙碌的工作之余，参与体育活动可以帮助员工释放内心的压力和焦虑，使心情得到放松和愉悦。体育活动中的团队合作和竞技挑战，还能激发员工的兴奋感和成就感，进一步改善情绪状态。这种情绪的调节和平衡，有助于员工保持稳定的心理状态，提高工作和生活的满意度。

（3）促进人际交往，增强社会适应能力

体育精神还强调团结协作和社交能力。通过参与体育活动，员工可以结识更多志同道合的朋友，拓展社交圈子。在团队合作中，员工可以学会沟通、协调和分享，提高团队协作能力和领导力。这些社交技能和团队精神的提高，有助于员工更好地适应社会环境，增强社会适应能力。同时，体育活动中的竞技挑战和规则意识，还能培养员工的公平竞争意识和法律意识，进一步提高他们的社会责任感和公民素质。

3. 企业体育文化的实践与创新

为了充分发挥企业体育文化在提高员工健康水平方面的作用，企业需要不断探索和实践新的体育文化活动形式和内容。例如，可以组织定期的体育比赛和健身活动，鼓励员工积极参与；可以设立体育奖学金和奖励机制，激发员工的运动热情和积极性；还可以邀请专业教练和心理咨询师为员工提供指导和培训，提高他们的运动技能和心理素质。

同时，企业还可以结合自身的行业特点和企业文化，创新体育文化活动的内容和形式。例如，制造业企业，可以组织员工参与户外拓展和团队建设活动，提高团队协作和应变能力；互联网企业，可以开展电子竞技和虚拟现实体育活动，满足年轻员工的兴趣和需求。

（二）企业体育文化与工作效率的提高

在竞争激烈的商业环境中，提高工作效率是企业获得持续发展和竞争优势的关键。企业体育文化，作为企业文化的重要组成部分，通过体育活动和体育精神的双重作用，对提高员工的工作效率产生了深远的影响。以下将从体育活动增强员工体质以提高工作效率，以及体育精神激发员工的工作热情，提高工作绩效两个方面，深入探讨企业体育文化如何助力工作效率的提高。

1. 体育活动增强员工体质，提高工作效率

体育活动是企业体育文化的基础，它能够增强员工的体质，促进工作效率的提高。

（1）提高身体机能，增强耐力与灵活性

体育活动，如跑步、游泳、健身操等，能够显著提高员工的身体机能，包括心肺功能、肌肉力量和耐力等。这些身体机能的提高，使员工在工作中能够保持更高的能量水平和持久的注意力，从而提高工作效率。例如，心肺功能的增强有助于员工在长时间的工作中保持稳定的呼吸和心率，减少因疲劳而导致的工作效率下降；肌肉力量的提高使员工能够更轻松地应对体力要求较高的工作任务，提高工作效率。

此外，体育活动还能提高员工的灵活性，使他们能够快速地适应工作环境

的变化，减少因身体僵硬或动作迟缓而导致的效率下降。这种灵活性的提高，对于需要频繁变换工作姿势或操作复杂设备的员工来说尤为重要。

（2）改善睡眠质量，恢复精力

良好的睡眠质量是保持高效工作状态的基础。体育活动能够通过调节身体的生物钟和内分泌系统，改善员工的睡眠质量。规律的体育活动能够帮助员工更快地进入深度睡眠阶段，延长睡眠时间，从而提高睡眠质量和恢复精力的效果。充足的睡眠能够使员工在第二天保持更高的精力和专注度，从而提高工作效率。

（3）减少职业病风险，保持健康状态

长时间保持同一姿势或重复同一动作的工作容易导致职业病，如颈椎病、腰椎病等。体育活动能够增强员工的肌肉力量和柔韧性，减少因长时间保持不良姿势而导致的身体不适和职业病风险。保持健康的身体状态使员工能够更专注于工作，减少因身体不适而导致的效率下降。

2. 体育精神激发员工的工作热情，提高工作绩效

体育精神是企业体育文化的灵魂，它通过激发员工的工作热情和积极性，间接促进了工作效率的提高。

（1）培养团队合作精神，增强协作能力

体育精神强调团队合作和集体荣誉。在体育活动中，员工需要相互协作、共同面对挑战，这能够培养他们的团队合作精神和协作能力。将这种精神带入工作中，员工会更加注重团队协作，积极沟通、分享资源和信息，从而提高团队的整体工作效率。

（2）激发挑战精神，提高创新能力

体育精神鼓励员工勇于挑战自我、追求卓越。在体育活动中，员工需要不断突破自己的极限，这能够激发他们的挑战精神和创新能力。将这种精神带入工作中，员工会敢于尝试新方法、新技术，勇于面对工作中的困难和挑战，从而提高工作的创新性和效率。

（3）增强自信心和抗压能力

体育精神还强调自信和抗压。在体育活动中，员工需要面对失败和挫折，但正是这些经历让他们学会了如何保持自信、如何应对压力。将这种精神带入

工作中，员工会更加自信地面对工作中的挑战和困难，更加从容地应对工作中的压力，从而提高工作效率和稳定性。

第二节　健康资本增值的实践路径

一、企业体育活动的组织与策划

（一）企业体育赛事的举办与参与

赛事的组织与策划是一项复杂而精细的工作，它包括从赛事主题的确定、目标的设定、实施的组织到后期的评估反馈等环节。一个成功的赛事不仅能够为企业带来品牌曝光、员工凝聚力提高等多重效益，还能够为参与者提供难忘的体验和美好的回忆。以下将详细探讨赛事策划与组织的各个环节，以期为相关从业者提供有益的参考。

1. 确定赛事主题和目标

（1）赛事主题的确定

赛事主题是赛事策划的起点，它决定了赛事的整体风格和氛围，也是吸引参与者的重要因素。在确定赛事主题时，需要考虑以下几个因素。

企业文化和价值观：赛事主题应与企业文化和价值观相契合，体现企业的精神和风貌。例如，如果企业注重创新和团队合作，那么赛事主题可以围绕“创新挑战”或“团队协作”展开。

目标受众：了解目标受众的兴趣和偏好，选择能够吸引他们参与的赛事主题。例如，对于年轻员工，可以选择更具活力和创意的赛事主题，如电子竞技、户外探险等。

市场趋势：关注当前市场趋势和热门话题，选择具有时代感和吸引力的赛事主题。例如，随着人们健康意识的提高，可以策划以健康为主题的赛事，如马拉松、瑜伽比赛等。

（2）赛事目标的设定

赛事目标是赛事策划的核心，它决定了赛事的方向和重点。在设定赛事目标时，需要明确以下几点。

品牌曝光：通过赛事提高企业的知名度和品牌形象，增强品牌的市场影响力。

员工凝聚力：通过赛事增强员工之间的沟通和协作，提高团队的凝聚力和向心力。

市场拓展：通过赛事吸引潜在客户和合作伙伴，拓展企业的市场份额和业务范围。

社会责任：通过赛事传递企业的社会责任感和公益精神，提高企业的社会形象。

2. 制订赛事计划和方案

（1）赛事计划的制订

赛事计划是赛事策划的蓝图，它详细规划了赛事的时间、地点、参与人员、比赛规则等关键要素。在制订赛事计划时，需要遵循以下几个原则。

合理性：确保赛事计划符合实际情况，具有可行性和可操作性。

灵活性：考虑各种可能的风险和不确定性因素，制定备选方案和应急预案。

透明性：确保赛事计划的公开透明，让参与者了解赛事的流程和规则。

（2）赛事方案的制定

赛事方案是赛事策划的具体实施计划，它涵盖了赛事的各个方面，包括赛事宣传、场地布置、设备采购、安全保障等。在制定赛事方案时，需要遵循以下几个原则。

创新性：在赛事方案中加入创新元素，提高赛事的吸引力和趣味性。例如，可以引入虚拟现实技术、互动游戏等新兴元素。

细节性：注重赛事方案的细节设计，确保每个环节都能够顺利进行。例如，在场地布置上要考虑观众的视线和舒适度，在设备采购上要选择质量可靠、性能稳定的设备。

安全性：确保赛事方案的安全性，制定严格的安全保障措施和应急预案。例如，在比赛现场设置医疗急救点、安排安保人员等。

3. 组织赛事实施和评估

（1）赛事实施的组织

赛事实施是赛事策划的关键环节，它决定了赛事的成败。在组织赛事实施时，需要注重以下几点。

团队协作：建立高效的团队协作机制，明确各成员的职责和分工，确保团队成员之间的沟通和协作顺畅，共同推动赛事的顺利进行。

现场管理：加强现场管理，确保比赛现场秩序井然、安全有序。例如，可以设置专门的现场管理人员和志愿者团队，负责维护现场秩序、解答参与者的疑问等。

技术支持：确保赛事所需的技术支持到位，包括音响设备、灯光设备、计时设备等。在比赛过程中要密切关注技术设备的运行状态，及时排除故障和隐患。

（2）赛事评估的开展

赛事评估是赛事策划的总结环节，它通过对赛事实施过程和结果的评估，为未来的赛事策划提供有益的参考和借鉴。在开展赛事评估时，需要注重以下几点。

目标达成度：评估赛事目标是否达成，包括品牌曝光度、员工凝聚力提高、市场拓展等方面的效果。通过收集参与者的反馈和意见，了解赛事在目标受众中的影响力和认可度。

过程管理：评估赛事实施过程中的管理水平和效率，包括团队协作、现场管理、技术支持等方面的表现。通过总结经验教训，发现存在的问题和不足，为未来的赛事策划提供改进方向。

参与者满意度：评估参与者对赛事的满意度和体验感。通过收集参与者的调查问卷和反馈意见，了解他们对赛事主题、比赛规则、场地布置、安全保障等方面的评价和看法。这些反馈意见可以为未来的赛事策划提供有益的参考和借鉴。

（3）赛事评估的反馈与应用

赛事评估的反馈是赛事策划的宝贵财富，它能够为未来的赛事策划提供有益的指导和借鉴。在应用赛事评估反馈时，需要注重以下几点。

总结经验教训：对赛事评估的结果进行深入分析，总结经验教训和成功案例。将成功的经验和做法固化下来，形成标准化的流程和规范；将存在的问题和不足进行整改和优化，以避免在未来的赛事策划中重蹈覆辙。

持续改进：将赛事评估的反馈结果作为持续改进的依据和动力。根据评估结果不断调整和优化赛事策划的各个环节和要素，提高赛事的质量和水平。同时，要关注市场趋势和参与者需求的变化，不断创新和升级赛事主题和形式，保持赛事的吸引力和竞争力。

分享交流：将赛事评估的反馈结果分享给团队成员和相关利益方，促进信息共享和交流合作。通过分享交流，可以借鉴他人的成功经验和做法，拓宽视野和思路；也可以向他人展示自己的成果和亮点，提高企业的知名度和影响力。

（二）赛事的参与与体验：激发员工热情，深化体育文化认同

赛事不仅是展示企业精神和文化的窗口，更是员工参与、体验、成长的重要平台。通过积极参与赛事，员工不仅能够锻炼身心、提高技能，还能增强对体育文化的认同感和归属感，进而促进企业的凝聚力和向心力。以下将详细探讨如何鼓励员工积极参与赛事、提供赛事参与机会和平台，以及增强员工对体育文化的认同感和归属感。

1. 鼓励员工积极参与赛事

（1）营造积极的参与氛围

企业应当营造一种积极向上的体育氛围，让员工感受到体育文化的魅力和价值。这可以通过悬挂体育明星海报、设置体育荣誉墙、播放体育比赛视频等方式来实现，让员工在日常工作中时刻感受到体育精神的鼓舞和激励。

（2）设立激励机制

为了激发员工的参与热情，企业可以设立一系列激励机制。例如，对于在赛事中取得优异成绩的员工，可以给予物质奖励（如奖金、奖品）或精神奖励（如荣誉证书、大会表彰）。此外，还可以将员工的赛事参与情况纳入绩效考核体系，作为晋升、加薪的重要依据。

（3）开展宣传教育活动

通过组织体育知识讲座、体育技能培训等活动，提高员工对体育文化的认识和了解。同时，利用企业内部通信、社交媒体等渠道，广泛宣传赛事信息和员工参赛风采，激发更多员工的参与热情。

2. 提供赛事参与机会和平台

（1）丰富赛事类型

企业应根据员工的兴趣和需求，策划和组织丰富多样的赛事活动。这包括传统的球类比赛（如篮球、足球、羽毛球）、田径比赛，以及新兴的电子竞技、户外探险等赛事。通过设立多样化的赛事类型，满足不同员工的参与需求。

（2）搭建参与平台

企业应搭建便捷的赛事参与平台，以便员工能够轻松报名、组队、参赛。这可以通过建立赛事管理系统、设立报名热线、提供在线报名渠道等方式来实现。同时，企业还应为参赛员工提供必要的物资支持和技术指导，以确保他们能够顺利参赛。

（3）加强内外部合作

企业可以积极寻求与外部体育组织、俱乐部的合作，共同举办赛事活动。这不仅可以拓宽员工的参赛渠道，还能提高企业的知名度和影响力。通过与外部机构的合作，企业可以借鉴和学习先进的赛事组织和管理经验，提高自身的赛事策划和执行能力。

3. 增强员工对体育文化的认同感和归属感

（1）强化体育文化宣传

企业应加强对体育文化的宣传和推广，让员工深刻认识到体育文化的重要性和价值。这可以通过制作体育文化宣传册、举办体育文化展览、开展体育文化讲座等方式来实现。通过持续的宣传和教育，让员工逐渐接受并认同体育文化。

（2）融入企业文化

将体育文化融入企业文化之中，使其成为企业文化的重要组成部分。这可以通过在企业规章制度、员工手册等文件中明确体育文化的地位和作用，以及在企业文化活动中融入体育元素等方式来实现。通过体育文化与企业文化的深度融合，让员工在潜移默化中增强对体育文化的认同感和归属感。

（3）建立体育社群

鼓励员工自发组建体育社群，如篮球社、足球社、跑步团等。通过参与社群活动，员工可以相互交流体育经验、分享运动乐趣，从而加深对体育文化的理解和认同。同时，社群活动还能增强员工之间的友谊和凝聚力，提高企业的团队氛围。

（4）关注员工体验

在赛事策划和组织过程中，企业应始终关注员工的体验和感受。通过收集员工的反馈意见和建议，不断改进赛事活动的内容和形式，以确保赛事活动能够真正满足员工的需求。同时，企业还应关注员工在赛事中的表现和成长，为他们提供必要的支持和帮助，让他们感受到企业的关怀和认可。

（三）企业体育健身活动的普及与宣传

在当今快节奏的工作环境中，员工的身心健康日益成为企业关注的焦点。为了提高员工的身体素质，增强工作效率和团队协作能力，企业应积极推广健身活动，营造积极向上的健身氛围，培养员工的健身习惯。以下将详细探讨如何举办多样化的健身活动、提供健身指导和咨询服务，以及营造健身氛围，培养员工健身习惯。

1. 举办多样化的健身活动

（1）定期举办健身挑战赛

企业可以定期举办各类健身挑战赛，如跑步比赛、瑜伽挑战赛、健身操大赛等，激发员工的参与热情和竞争意识。这些活动不仅能让员工在比赛中锻炼身体，还能增强团队合作精神和集体荣誉感。

（2）组织户外探险活动

结合当地的自然环境，企业可以组织徒步、骑行、攀岩等户外探险活动，让员工在亲近自然的同时体验运动的乐趣，提高体能和意志力。

（3）开展趣味运动会

趣味运动会将体育竞技与娱乐相结合，通过团队接力、趣味障碍赛等形式，增加活动的趣味性和员工的参与度。这类活动不仅能锻炼身体，还能增进员工之间的友谊和协作能力。

2. 提供健身指导和咨询服务

（1）聘请专业健身教练

企业可以聘请专业健身教练，为员工提供个性化的健身指导和训练计划。

教练可以根据员工的身体状况、健身目标和时间安排，量身定制适合他们的运动方案。

（2）设立健身咨询热线

为了方便员工随时获取与健身相关的信息和建议，企业可以设立健身咨询热线，由专业健身教练或营养师在线解答员工的疑问。

（3）开展健身知识讲座

定期邀请健身专家、营养师等举办健身知识讲座，普及健身常识、营养搭配等方面的知识，增强员工的健身意识和健康素养。

3. 营造健身氛围，培养员工健身习惯

（1）设立健身区域

在企业内部设立专门的健身区域，配备必要的健身器材和设施，方便员工在工作间隙进行短暂的健身活动。可以通过装饰和布局，营造舒适、愉悦的健身环境。

（2）推广健身文化

通过企业内刊、公告栏、社交媒体等渠道，广泛宣传健身的重要性和好处，推广健身文化。可以分享员工的健身故事、成功案例，激励更多人加入健身行列。

（3）建立健身社群

鼓励员工自发组建或加入健身社群，如跑步群、瑜伽群等。社群成员可以相互分享健身经验、互相鼓励，形成良好的健身氛围。同时，社群还可以组织定期的健身活动，增加成员之间的互动和交流。

（四）健身活动的宣传

健身活动的宣传是推动企业健身文化发展的重要环节。通过有效的宣传策略，可以提高员工对健身活动的认知度和参与度，进而促进员工身心健康，增强企业凝聚力和向心力。以下将详细探讨如何利用企业内刊、网站等渠道进行宣传，举办健身知识讲座和宣传活动，以及提高员工对健身活动的认知度和参与度。

1. 利用企业内刊、网站等渠道进行宣传

（1）企业内刊

企业内刊作为内部沟通的重要平台，可以定期发布健身活动的相关信息，包括活动预告、精彩瞬间回顾、健身小贴士等。通过图文并茂的形式，吸引员工的注意力，激发他们参与健身活动的兴趣。

（2）企业网站

在企业网站上设立健身活动专栏，发布活动的最新动态、报名方式、活动规则等信息。可以上传健身活动的照片和视频，让员工直观感受健身活动的氛围和乐趣。此外，还可以设置在线报名系统，方便员工随时报名参加。

（3）社交媒体

利用微博、微信、抖音等社交媒体平台，发布健身活动的相关内容，扩大宣传范围。可以通过短视频、直播等形式，展示健身活动的精彩瞬间，吸引更多员工的关注和参与。

2. 举办健身知识讲座和宣传活动

（1）健身知识讲座

定期邀请健身教练、营养师等专家，举办健身知识讲座，普及健身常识、营养搭配等方面的知识。通过专家的讲解和互动环节，提高员工对健身活动的认识和了解，激发他们的参与热情。

（2）宣传活动

在企业内部举办健身主题宣传活动，如健身成果展示、健身挑战赛等，让员工亲身感受健身带来的变化和乐趣，进一步提高他们对健身活动的认知度和参与度。

3. 提高员工对健身活动的认知度和参与度

（1）加大宣传力度

通过上述渠道和活动的宣传，持续向员工传递健身活动的重要性和乐趣。通过不断强调健身的好处和活动的亮点，提高员工对健身活动的认知和兴趣。

（2）设置奖励机制

为了鼓励员工积极参与健身活动，可以建立奖励机制。对于积极参与活动、取得优异成绩的员工，可以给予物质奖励或荣誉表彰。通过设置奖励机制，提高员工的参与度和积极性。

（3）领导示范引领

企业领导层应积极参与健身活动，发挥示范引领作用。通过领导的参与和带动，可以激发更多员工的参与意愿，在企业内部形成自上而下的健身氛围。

（4）建立反馈机制

建立员工对健身活动的反馈机制，收集员工的意见和建议。根据员工的反馈，不断优化和改进健身活动的内容和形式，提高活动的吸引力和参与度。

二、企业体育文化的传播与影响

在企业管理中，内部传播渠道扮演着至关重要的角色。它们不仅确保了信息的准确传递，还促进了员工之间的沟通与协作，从而增强了企业的凝聚力和向心力。以下将详细探讨企业内部会议和培训、企业内部网络和社交媒体、企业内部活动和庆典这三种主要的内部传播渠道。

（一）企业内部文化活动的作用

1. 企业内部会议和培训

（1）会议

企业内部会议是信息传递和决策制定的核心平台。定期或不定期的会议，如周会、月度会议、季度会议等，是管理层与员工之间面对面的交流平台。在会议上，管理层可以向员工传达公司的战略方向、业务进展和最新政策，而员工则可以反馈工作中的问题和建议。这种双向沟通有助于确保信息的准确传递和问题的及时解决。

（2）培训

企业内部培训是提高员工技能和知识的重要途径。通过举办新员工入职培训、岗位技能培训、领导力发展培训等，企业可以系统地传授业务知识和技能，提高员工的综合素质。同时，培训也是企业文化和价值观传播的重要方式。在培训过程中，企业可以强调其核心价值观、企业愿景和使命，从而增强员工的归属感和忠诚度。

2. 企业内部网络和社交媒体

（1）内部网络

企业内部网络是员工获取公司信息和进行日常工作的主要平台。通过内部网络，企业可以发布新闻动态、政策文件、业务指南等信息，确保员工能够及时了解公司的最新动态。此外，内部网络还可以提供员工论坛、知识库等功能，以方便员工之间的交流和知识共享。

（2）社交媒体

随着社交媒体的普及，越来越多的企业开始利用内部社交媒体平台（如企业微信、钉钉等）来加强内部沟通。这些平台不仅提供了即时通信功能，还允许员工发布动态、分享心得、参与讨论等。通过社交媒体，企业不仅可以更加灵活地传递信息，还可以增强员工之间的互动和团队协作。

3. 企业内部活动和庆典

（1）活动

企业内部活动，如团队建设活动、员工生日会、节日庆典等，是增强员工凝聚力和归属感的重要手段。通过参与活动，员工可以放松心情、增进彼此间的友谊，从而更加积极地投入工作中。活动也是企业文化和价值观的生动体现。通过精心策划的活动，企业可以向员工传递其核心价值观和企业文化，增强员工的认同感和归属感。

（2）庆典

企业庆典，如公司成立周年庆典、业绩突破庆典等，是展示企业成就和庆祝重要时刻的重要场合。通过庆典活动，企业可以表彰优秀员工、分享成功经验、展望未来发展。这些活动不仅让员工感受到企业的关怀和认可，还激发了他们的工作热情和创造力。

（二）内部影响分析

企业体育文化作为企业文化的重要组成部分，不仅能促进员工的身体健康，还对员工的心理状态、团队协作以及企业整体氛围产生深远影响。以下是对企业体育文化内部影响的详细分析，主要聚焦于增强员工对企业体育文化的认同感和归属感，以及提高员工凝聚力和团队协作能力。

1. 增强员工对企业体育文化的认同感和归属感

（1）塑造共同价值观

企业体育文化通过组织体育活动、健康讲座等活动，向员工传递积极向上的生活态度和价值观。这些活动往往强调团队合作、公平竞争、坚持不懈等精神，这些精神与企业文化的核心价值观相契合，有助于员工形成对企业文化的认同感。

（2）增强企业凝聚力

参与体育活动能够加深员工之间的交流和互动，促进彼此间的了解和信任。员工在共同的兴趣和活动中找到归属感时，会更愿意将自己视为企业大家庭的一员，从而增强对企业的归属感。

（3）提高企业形象

注重体育文化的企业，往往能够吸引更多关注健康、积极向上的员工。这种正面的企业形象不仅有助于吸引外部人才，还能激发内部员工的自豪感和忠诚度。

2. 提高员工凝聚力和团队协作能力

（1）促进团队协作

体育活动往往需要团队合作才能完成，如篮球赛、足球赛、接力赛等。这些活动能够锻炼员工的团队协作能力，让他们学会如何在压力下与同事协作，共同解决问题。

（2）增强沟通效率

体育活动中的非正式交流有助于打破部门壁垒，促进跨部门沟通。在轻松愉快的氛围中员工更容易敞开心扉，分享想法和经验，从而提高沟通效率。

（3）培养领导力和责任感

在团队活动中，员工有机会担任领导角色，带领团队取得胜利。这种经历能够培养他们的领导力和责任感，使他们更加自信地面对工作中的挑战。

（4）缓解工作压力

体育活动是缓解工作压力的有效途径。通过参与体育活动，员工可以释放压力，放松心情，从而以更加饱满的热情和精力投入工作中。

（三）外部传播渠道

在企业的品牌建设与市场推广过程中，外部传播渠道扮演着至关重要的角色。它们不仅是企业向外界展示自身形象、传递价值理念的关键途径，也是提高品牌知名度、增强公众信任感的重要手段。以下将详细探讨媒体报道和宣传、社交媒体和网络平台、企业社会责任活动和公益活动三种主要的外部传播渠道。

1. 媒体报道和宣传

（1）传统媒体

传统媒体如报纸、电视、广播等，具有广泛的受众基础和权威性。通过媒体报道和宣传，企业可以迅速吸引公众关注，传递企业的核心价值、最新动态和重要成就。这种传播方式不仅有助于提高企业的知名度，还能塑造正面的品牌形象。

（2）行业媒体与专业媒体

针对特定行业或领域的媒体，如财经杂志、科技网站等，能够精准触达目标受众。通过与这些媒体合作，企业可以深入解读行业趋势，分享专业见解，从而增强在目标市场中的影响力和话语权。

2. 社交媒体和网络平台

（1）社交媒体

社交媒体平台，如微博、微信、抖音等，已成为企业外部传播的重要阵地。这些平台具有互动性强、传播速度快的特点，企业可以通过发布动态、直播活动、开展互动等方式，与消费者建立紧密的联系。社交媒体也是企业收集用户反馈、进行市场调研的重要渠道。

（2）网络平台

网络平台，如企业官网、电商平台等，是企业展示自身形象、销售产品的主要窗口。通过优化网站设计、提高用户体验、发布高质量内容等方式，企业可以吸引更多潜在客户的关注，提高品牌认知度和美誉度。

3. 企业社会责任活动和公益活动

（1）社会责任活动

企业社会责任活动是企业展现其社会责任感和使命感的重要途径。通过参与环保、教育、扶贫等社会公益活动，企业不仅可以回馈社会，还能提高品牌形象，增强公众的信任感和好感度。

（2）公益活动

公益活动是企业履行社会责任的具体体现。通过组织或参与各类公益活动，如志愿服务、慈善捐赠等，企业可以传递正能量，弘扬社会美德，从而在公众心中树立积极、正面的企业形象。

第三节 员工生产力多维评估模型

一、员工健康水平的提高情况

（一）员工体质健康状况的监测与分析

1. 监测指标的选择

在构建个人或企业的健康管理体系时，选择合适的监测指标是至关重要的一步。这些指标不仅反映了个人或企业当前的健康状况，还为未来的健康改善提供了数据支持。身体健康指标与心理健康指标作为两大核心领域，各自包含了一系列具体且关键的测量参数，共同构成了全面健康管理的基础。

（1）身体健康指标的选择与应用

身体健康是生活质量的基础，因此，在健康管理体系中，对身体健康的监测至关重要。体重、BMI（身体质量指数）和心肺功能等指标是衡量身体健康状况的关键。体重是最直观的身体健康指标之一，它不仅反映了人体的营养状况，还与多种慢性疾病，如糖尿病、高血压等密切相关。通过定期监测体重，个人或企业可以及时发现体重的异常变化，并采取相应的干预措施，如调整饮食、增加运动等，以维持健康的体重范围。

BMI 作为评估体重与身高之间关系的指标，能够准确地反映个体的肥胖程度。BMI 过高或过低都可能对身体健康造成不利影响。因此，通过定期计算 BMI 值，个人或企业可以评估自身的体重状况，并据此制订个性化的健康管理计划。

心肺功能是衡量身体健康的另一个重要指标。心肺功能的好坏直接影响个体的耐力和运动能力，同时也是评估心血管疾病风险的重要依据。通过进行心肺功能测试，如跑步机测试、心肺耐力测试等，个人或企业可以了解自己的心肺健康状况，并根据测试结果制订针对性的锻炼计划，以提高心肺功能，降低心血管疾病风险。

除了上述指标外，身体健康监测还包括血压、血糖、血脂、骨密度等多项生理指标。这些指标的监测有助于及时发现潜在的健康问题，为疾病的早期预防和治疗提供重要线索。

（2）心理健康指标的选择与重要性

与身体健康同样重要的是心理健康。心理健康状况直接影响到个体的情绪、行为和人际关系，对生活质量有着深远的影响。因此，在健康管理体系中，对心理健康的监测同样不可或缺。

压力水平是衡量心理健康状况的关键指标之一。在现代社会中，个体面临着来自工作、家庭、社会等多方面的压力。长期的高压力状态可能导致个人焦虑、抑郁等心理问题，甚至引发身体疾病。通过定期评估压力水平，个人或企业可以及时发现压力问题，并采取放松训练、心理咨询等方法来降低压力水平，保持心理健康。

情绪状态是另一个重要的心理健康指标。情绪的稳定性和积极性会直接影响到个体的生活满意度和幸福感。通过监测情绪状态，个人或企业可以了解自己的情感需求，及时调整心态，保持积极乐观的情绪状态。此外，情绪状态的监测还有助于发现潜在的心理问题，如情绪波动、情感障碍等，为及时的心理干预提供依据。

除了压力水平和情绪状态外，心理健康监测还可以包括睡眠质量、自我认知、社交能力等方面。睡眠质量的监测有助于了解个体的睡眠状况，为改善睡眠提供指导；自我认知的监测有助于个体了解自己的内心世界，提高自我意识和自我管理能力；社交能力的监测有助于评估个体的社交技巧和人际关系，为提高社交能力提供方向。

2. 监测数据的收集与分析

在健康管理体系的构建过程中，监测数据的收集与分析是不可或缺的关键环节。通过定期进行体质健康监测，能够及时获取个体或群体的健康信息；通过对监测数据进行统计和分析，能够深入了解健康状况的变化趋势；而通过评估员工健康水平的提高情况，能够明确健康管理的成效，并为后续的健康改善计划提供科学依据。以下将详细阐述这三个步骤在构建健康管理体系中的重要作用。

（1）定期进行体质健康监测

体质健康监测是健康管理体系的基石。它通过对体重、BMI、心肺功能、血压、血糖、血脂等生理指标的定期检测，以及对压力水平、情绪状态、睡眠质量等心理健康指标的评估，为我们提供了丰富的健康数据。这些数据不仅反映了当前的健康状况，还为我们提供了健康改善的方向和目标。

体质健康监测的周期应根据个体或群体的健康状况和需求来确定。对于健康状况良好的个体，可以每年进行一次全面的体质健康监测；对于存在健康风险的个体，如患有慢性疾病或处于亚健康状态的人群，则应缩短监测周期，进行更频繁的监测。此外，监测项目也应根据具体情况进行个性化调整，以确保监测的针对性和有效性。

在进行体质健康监测时，应注重数据的准确性和可靠性。这要求我们选择合适的监测工具和方法，以确保监测过程的标准化和规范化。同时，我们还应关注监测数据的隐私保护，确保个人健康信息的安全和保密。

（2）对监测数据进行统计和分析，洞察健康变化的趋势

收集到监测数据后，我们需要对其进行统计和分析，以深入了解健康状况的变化趋势。统计和分析的方法可以包括描述性统计、推断性统计、数据分析模型等。运用这些方法，可以计算健康指标的平均值、标准差、变异系数等统计量，了解健康数据的分布特征；可以比较不同时间段或不同群体的健康数据，分析健康变化的趋势和规律；还可以利用数据分析模型，预测健康风险和发展趋势，为健康改善计划提供科学依据。

在统计和分析过程中，我们应注重对数据的解释和解读。这要求我们不仅要具备扎实的统计学和数据分析知识，还需要了解健康领域的专业知识和实践经验。结合专业知识和实践经验，我们可以更准确地理解数据的含义和背后的健康信息，为健康管理的决策提供支持。

此外，我们还应注重数据的可视化呈现。通过图表、图形等可视化工具，

我们可以更直观地看到健康数据的变化趋势和分布情况，使数据分析结果更加清晰易懂。这有助于我们更好地向决策者、管理者和个体传达健康信息，促进健康管理的有效实施。

（3）评估员工健康水平的提高情况：健康管理的成效检验

评估员工健康水平的提高情况是健康管理体系的最后一个关键环节。通过对监测数据的分析和比较，可以明确员工健康水平的变化情况，判断健康管理的成效。这有助于我们及时调整健康改善计划，优化健康管理策略，确保健康管理的有效性和可持续性。

在评估员工健康水平的提高情况时，我们应注重评估的全面性和客观性。全面性要求我们不仅要关注生理指标的改善情况，还要关注心理健康、生活质量等方面的提高情况；客观性要求我们采用客观、量化的评估方法，避免主观臆断和偏见。

评估结果的应用也是至关重要的。通过评估结果，我们可以发现健康管理中存在的问题和不足，为后续的改进提供依据；我们还可以根据评估结果，制订个性化的健康改善计划，为员工提供更精准的健康管理服务。同时，评估结果还可以作为健康管理的绩效考核成绩，激励员工积极参与健康管理活动，提高整体健康水平。

在评估过程中，我们还应注重与员工的沟通和反馈。通过与员工的交流，我们可以了解他们对健康管理的期望和需求，为健康管理的改进提供方向；同时，我们也可以向员工传达评估结果和健康管理建议，帮助他们更好地了解自己的健康状况，积极参与健康管理活动。

（二）员工对健康知识与技能的掌握程度

在构建健康企业文化的过程中，健康知识的普及情况起着至关重要的作用。它不仅影响着员工的健康素养，还直接关系到企业的整体健康水平和生产效率。以下将从健康知识讲座和培训的次数与内容、员工对健康知识的掌握程度两个方面，详细探讨健康知识普及情况的重要性及其对企业健康文化建设的推动作用。

1. 健康知识讲座和培训的次数与内容是构建健康知识体系的基石

健康知识讲座和培训是普及健康知识、提高员工健康素养的有效途径。企业应根据员工的健康需求和企业的实际情况，定期举办健康知识讲座和培训活动，以确保员工能够及时获取科学、准确的健康信息。

在讲座和培训的次数上，企业应保持一定的频率，确保员工能够持续接受健康知识。这不仅可以增强员工的健康意识，还能帮助他们逐步建立健康的生活方式。企业还应根据员工的反馈和需求，适时调整讲座和培训的频率，以满足员工的个性化需求。

在讲座和培训的内容上，企业应注重全面性和针对性。全面性要求讲座和培训涵盖健康饮食、运动健身、心理健康、疾病预防等多个方面，确保员工能够全面了解健康知识，形成完整的健康知识体系。针对性要求讲座和培训针对员工的实际健康状况和需求，提供个性化的健康指导和建议。例如，对于患有慢性疾病的员工，企业应提供针对性的疾病管理知识和技能培训，帮助他们更好地管控疾病，提高生活质量。

此外，企业还应注重讲座和培训的形式和效果。通过采用生动有趣的讲解方式、互动式的问答、实践操作的演示等方式，提高讲座和培训的吸引力和实效性。同时，企业还应建立讲座和培训效果的评估机制，通过问卷调查、员工反馈等方式，了解讲座和培训的效果，为后续的改进提供依据。

2. 员工对健康知识的掌握程度是检验健康知识普及效果的试金石

员工对健康知识的掌握程度是衡量健康知识普及效果的重要指标。通过了解员工对健康知识的掌握情况，企业可以及时发现健康知识普及中存在的问题和不足，为后续的改进提供依据。

在评估员工对健康知识的掌握程度时，企业可以采用多种方法。例如，通过问卷调查的方式，了解员工对健康知识的掌握程度、态度和行为习惯等方面的信息；通过健康知识测试的方式，检验员工对健康知识的掌握情况和应用能力；通过员工访谈的方式，深入了解员工对健康知识的需求和期望等方面的信息。

评估结果显示，员工对健康知识的掌握程度受到多种因素的影响。一方面，员工的年龄、性别、职业背景等个体差异会影响他们对健康知识的接受程度和兴趣点；另一方面，企业的健康知识普及策略、讲座和培训的质量等因素也会影响员工对健康知识的掌握程度。因此，企业在制定健康知识普及策略时，应充分考虑员工的个体差异和需要，采用多样化的普及方式和手段，确保健康知识能够深入人心，真正起到提高员工健康素养的作用。

为了提高员工对健康知识的掌握程度，企业还应注重健康知识的实践应用。通过组织健康活动、提供健康咨询服务等方式，鼓励员工将所学的健康知识应用到日常生活中，培养健康的生活方式。同时，企业还应建立健康知识的更新机制，及时将最新的健康研究成果和理念引入企业，确保员工能够持续接收科学、准确的健康信息。

3. 健康知识普及的影响是构建健康企业文化的有力支撑

健康知识普及不仅提高了员工的健康素养，还对企业健康文化的建设产生了深远的影响。通过健康知识的普及，企业能够营造出一种关注健康、崇尚健康的企业文化氛围，激发员工对健康生活的追求和热爱。

健康文化的形成有助于提高企业的凝聚力和向心力。当员工共同关注健康、追求健康时，会更加珍惜彼此之间的合作和友谊，形成更加紧密的团队关系。这种团队关系的形成有助于提高企业的生产效率和创新能力，为企业的发展注入源源不断的动力。

健康文化的形成还有助于提高企业的社会形象和品牌价值。一个关注员工健康、积极履行社会责任的企业，更容易赢得社会的认可和尊重。这种认可和尊重不仅能够提高企业的知名度和美誉度，还能为企业带来更多的商业机会和发展空间。

此外，健康文化的形成还有助于提高企业的竞争力。在激烈的市场竞争中，一个拥有健康员工队伍和良好健康文化的企业，能够更好地应对各种挑战，抓住机遇，保持持续稳健的发展态势。这种竞争力的提高不仅有助于企业在市场中立于不败之地，还能为企业创造更多的经济效益和社会效益。

（三）健康技能提高情况是塑造健康体魄的坚实基石

在追求健康生活的道路上，健康技能的掌握与应用扮演着举足轻重的角色。无论是企业还是个人，都越发重视通过提高健康技能来提高体质和生活质量。以下将从健身技能和运动技巧的学习与实践、员工对健康技能的掌握程度和应用能力两大方面，深入探讨健康技能提高的重要性及其对员工个人和企业整体的积极影响。

1. 健身技能和运动技巧的学习与实践是健康技能提高的直接路径

健身技能和运动技巧的学习与实践，是提高健康技能的核心环节。企业为员工提供的健身技能培训、运动技巧指导以及相应的实践机会，不仅能够丰富员工的健康知识，更能够促使将这些知识转化为实际技能，进而应用于日常生活，形成健康的生活习惯。

在健身技能的学习方面，企业可以邀请专业的健身教练或体育专家，为员工量身定制健身课程，这些课程涵盖力量训练、有氧运动、柔韧性提高等多个方面。这些课程不仅能够教授正确的动作技巧，还能帮助员工了解不同健身方式的特点和适用人群，从而根据自身情况选择合适的健身方案。

运动技巧的学习同样重要。无论是篮球、足球等团队运动，还是游泳、瑜伽等个人项目，掌握正确的运动技巧不仅能够提高运动效果，还能有效避免运动伤害。企业可以通过组织运动俱乐部、举办运动比赛等形式，激发员工对运动的兴趣，同时提供专业的技巧指导，帮助员工在享受运动乐趣的同时，不断提高运动技能。

实践是检验真理的唯一标准。企业应将健身技能和运动技巧的学习与实践紧密结合，鼓励员工将所学技能应用于日常锻炼中。通过设立健身挑战、运动打卡等活动，激发员工的参与热情，同时提供反馈机制，帮助员工及时了解自己的进步和不足，从而不断调整和优化锻炼计划。

2. 员工对健康技能的掌握程度和应用能力是健康技能提高的关键指标

员工对健康技能的掌握程度和应用能力，是衡量健康技能提高效果的关键指标。它不仅反映了员工对健康知识的理解和运用能力，也体现了企业将健康理念转化为实际行动的能力。

在掌握程度方面，企业可以通过定期的健康技能测试、技能展示等方式，评估员工对健身技能和运动技巧的掌握情况。这些测试要涵盖理论知识、动作示范、实际操作等多个维度，以确保评估的全面性和准确性。同时，企业还应关注员工对健康技能的持续学习和提高，鼓励员工参加高级课程、考取相关证书，不断提高自己的健康技能。

应用能力是健康技能提高的最终目的。企业应将健康技能的应用与员工的日常生活和工作紧密结合，鼓励员工将所学技能应用于日常锻炼、工作压力缓解、团队协作等多个方面。通过设立健康榜样、分享健康故事等形式，激发员工应用健康技能的积极性和创造性，形成健康向上的企业文化氛围。

值得注意的是，员工对健康技能的掌握程度和应用能力受到多种因素的影响。个人兴趣、身体条件、工作性质等都会对员工学习健康技能的积极性和效果产生影响。因此，企业在推动健康技能提高时，应充分考虑员工的个体差异，提供个性化的学习资源和支持，确保每位员工都能从中受益。

3. 健康技能提高对企业和员工的深远影响

健康技能的提高不仅对员工个人的身心健康产生积极影响，还对企业整体的发展具有深远意义。

对于员工个人而言，掌握和应用健康技能有助于提高身体素质、增强免疫力、缓解工作压力，从而提高工作效率和生活质量。同时，健康技能的学习和实践还能培养员工的自律性和团队协作能力，为职业生涯的长远发展奠定坚实的基础。

对于企业而言，员工健康技能的提高有助于营造积极向上的企业文化氛围，提高员工的归属感和忠诚度。一个健康、活力四射的团队不仅能够为企业创造更多的价值，还能吸引更多优秀人才加入，增强企业的竞争力。此外，健康技能的提高还能降低企业的医疗费用支出，提高员工的工作效率，从而为企业创造更多的经济效益。

为了进一步提高员工的健康技能，企业应持续投入资源，完善健康管理体系。这包括提供更多的健康技能培训课程、建设更加完善的健身设施、引入先进的健康监测技术等。同时，企业还应加强与员工的沟通，了解他们的健康需求和期望，为他们提供更加贴心、个性化的健康服务。

在推动健康技能提高的过程中，企业还应注重健康文化的建设。例如，通过组织健康讲座、健康挑战赛等活动，营造关注健康、崇尚运动的企业文化氛围。这种文化氛围不仅能够激发员工对健康技能学习的兴趣和热情，还能促使员工将健康理念内化于心、外化于行，形成健康的生活方式和工作习惯。

二、企业体育文化的应用效果

（一）企业体育文化对员工工作效率的影响

在现代企业管理中，工作效率是衡量员工绩效、团队效能乃至整个企业运营状态的关键指标。它不仅关乎企业的生产力和竞争力，还直接影响到员工的职业发展与工作满意度。为了全面、准确地评估工作效率，我们需从工作任务完成情况和质量、工作效率以及时间管理能力三大维度进行深入分析。

1. 工作任务完成情况和质量是工作效率的直接体现

工作任务完成情况和质量是评估工作效率最直接、最客观的指标。它包括员工或团队在规定时间内完成任务的数量、进度以及成果的质量，是衡量工作成效的基础。

在数量层面，任务完成率是一个核心指标。它反映了员工或团队在规定时间内实际完成的任务数量与计划任务数量的比例。高完成率意味着高效的执行力，能够确保项目或业务目标的顺利实现。然而，数量并非唯一标准，质量同样至关重要。质量评估通常涉及任务的准确性、完整性、创新性等方面。一个高质量的成果不仅能够满足客户需求，还能为企业带来额外的价值，如提高品牌形象、增强客户黏性等。

为了全面评估任务完成情况和质量，企业需要建立一套完善的监控和反馈机制。这包括定期的任务进度汇报、成果验收以及客户反馈收集等。通过这些手段，企业可以及时了解员工的工作状态，发现潜在问题，并采取干预措施，以确保任务能够按时、高质量地完成。

此外，企业还应鼓励员工参与质量改进活动，如持续改进计划（CIP）、质量圈等。这些活动不仅能够提高员工的质量意识，还能激发他们的创新思维，为工作质量的持续提高提供动力。

2. 工作效率是对工作量的量化分析与持续优化

工作效率是衡量员工或团队在单位时间内完成工作量的能力，是评估工作绩效的重要指标之一。它反映了员工或团队的工作节奏、专注度以及解决问题的能力。

企业通常采用一系列指标量化分析工作效率，如人均产出、任务处理速度、错误率等。人均产出是指每个员工在一定时间内所创造的价值或完成的任务数量，它直接反映了员工的工作效率。任务处理速度是指员工完成单个任务所需的时间，它体现了员工的执行速度和响应能力。错误率反映了员工在工作过程中的准确性和严谨性，是评估工作质量的重要补充。

在量化分析的基础上，企业还应注重对工作效率的持续提高。这包括通过流程优化、技术应用、培训提高等手段，不断降低任务处理成本，提高人均产出，降低错误率。例如，引入自动化工具可以显著加快数据处理速度，提高任务处理效率；通过培训提高员工的技能水平，可以增强他们解决问题的能力，减少因技能不足导致的效率损失。

值得注意的是，工作效率并非孤立存在，它与工作环境、团队协作、企业文化等多个因素密切相关。因此，企业应综合考虑这些因素，采取综合性的措施，以实现工作效率的全面提高。

3. 时间管理能力是高效工作的内在驱动力

时间管理能力是衡量员工工作效率的又一个关键指标，反映了员工如何规划、分配和利用时间，以实现工作目标的最大化。一个具备良好时间管理能力的员工，能够高效地完成工作任务，也能保持工作与生活的平衡。

时间管理能力的评估通常涉及多个方面，如任务优先级设置、工作计划制订、时间分配合理性等。任务优先级设置是指员工如何根据任务的紧急程度和重要性进行排序，以确保关键任务得到优先处理。工作计划制订是指员工如何制订详细的工作计划，明确每个阶段的任务和目标，以确保工作的有序进行。时间分配合理性是指员工如何合理分配时间于不同任务之间，避免时间浪费和拖延现象。

为了提高员工的时间管理能力，企业可以采取多种措施。例如，提供时间管理培训课程，帮助员工掌握有效的时间管理技巧；引入时间管理工具，如日历应用、任务管理软件等，辅助员工进行时间规划和任务管理；建立时间管理激励机制，对具备良好时间管理能力的员工给予表彰和奖励，以激发其他员工的积极性。

此外，企业还应注重培养员工的自律性和责任感。一个自律性强、责任感重的员工，更能够自觉遵守时间管理规定，高效地完成工作任务。这要求企业在招聘、培训、考核等环节中，都应将自律性和责任感作为重要考量因素，确保员工队伍的整体素质。

（二）企业体育文化如何塑造员工态度与提高效率

在当今竞争激烈的商业环境中，企业文化作为企业的灵魂，对员工的工作态度和工作效率具有深远的影响。其中，企业体育文化作为企业文化的重要组成部分，不仅关乎员工的身心健康，更在无形中塑造着员工的工作态度，提高着他们的工作效率。以下将从企业体育文化对员工工作态度的积极影响以及对员工工作效率的提高作用两大方面，深入探讨企业体育文化的重要性。

1. 企业体育文化对员工工作态度的积极影响，要塑造积极向上的职场氛围

企业体育文化，作为企业文化的一个独特分支，融合了体育精神、团队合作与竞争意识，对员工的工作态度产生了显著的积极影响。这种影响首先体现在员工对企业价值观的认同与践行上。

体育文化中蕴含的公平竞争、团结协作、勇于挑战等精神特质，与企业所追求的诚信、创新、协作等价值观不谋而合。企业将这些体育精神融入日常管理和员工培训中，能够使员工能够更好地理解并认同企业的价值观，还会在日常工作中自觉践行这些价值观，形成积极向上的职场氛围。这种氛围有助于激发员工的工作热情，增强他们的归属感和责任感，从而以更加饱满的精神状态投入工作中。

此外，企业体育文化还通过定期举办的体育活动和比赛，为员工提供了展示自我、挑战自我的平台。这些活动不仅丰富了员工的业余生活，还增强了员工之间的沟通与协作，有助于打破部门壁垒，促进团队融合。在参与体育活动的过程中，员工能够深刻体会到团队合作的力量，学会在竞争中进行合作，在合作中促进竞争，这对于提高员工的团队协作能力和大局观的形成具有不可替代的作用。

更重要的是，企业体育文化所倡导的积极向上、永不言败的精神，能够激励员工在面对困难和挑战时保持乐观的心态，勇于迎接挑战，不断超越自我。这种积极的心态不仅能够帮助员工在工作中保持高效的状态，还能在关键时刻

激发员工的潜能，为企业创造更大的价值。

2. 企业体育文化对员工工作效率的提高作用是激发潜能与促进创新

企业体育文化不仅对员工的工作态度产生积极影响，还提高了他们的工作效率。这种提高作用主要体现在激发员工潜能、促进创新思维以及优化工作流程等方面。

首先，企业体育文化通过定期举办的体育活动和训练，帮助员工保持健康的体魄和良好的精神状态。一个身体健康、精力充沛的员工，不仅能够在工作中保持高效的状态，还能在面对巨大的工作压力时保持冷静和专注，从而确保工作的质量和效率。此外，体育活动中的挑战和竞争能够激发员工的斗志和潜能，使他们在工作中更加敢于尝试和创新，不断提高自己的能力和水平。

其次，企业体育文化所倡导的开放、包容、创新的氛围，为员工提供了一个自由表达、勇于探索的舞台。在这种氛围下，员工能够更加积极地参与团队合作，分享彼此的想法和经验，从而激发出更多的创新思维和解决方案。这种创新不仅体现在产品和服务上，还体现在工作流程和管理模式的优化上，有助于企业不断提高竞争力。

最后，企业体育文化中的团队协作和竞争意识，促使员工在工作中更加注重团队合作和效率提高。在参与团队体育活动的过程中，员工能够学会如何更好地与同事沟通和协作，如何在团队中发挥个人优势，共同完成任务。这种团队协作的能力不仅能够提高工作效率，还能增强团队的凝聚力和向心力，为企业创造更加和谐、高效的工作环境。

企业体育文化在提高员工工作效率的同时，还能够为企业带来长远的效益。一支拥有健康体魄、积极向上、勇于创新的员工队伍，不仅能够为企业创造更多的价值，还能在激烈的市场竞争中保持优势，为企业的可持续发展奠定坚实的基础。

（三）企业体育文化对企业竞争力的提高作用

在激烈的市场竞争中，企业的竞争力是决定其生存与发展的关键因素。为了全面、准确地评估企业的竞争力，我们需要从多个维度出发，构建一套科学、完整的评估指标体系。其中，企业市场份额和品牌影响力、企业创新能力和持续发展能力是衡量企业竞争力的重要指标。以下将详细阐述这些指标的具体内容及其对企业竞争力的影响。

1. 企业市场份额和品牌影响力，这是衡量市场地位的关键指标

企业市场份额，作为衡量企业在特定市场中占有率的直接指标，反映了企业产品或服务的市场接受度和竞争力。市场份额越大，意味着企业在该市场中拥有更多的消费者群体和更高的市场渗透率，从而能够获取更多的销售收入和利润。市场份额的提高也有助于企业巩固市场地位，增强与供应商、渠道商等合作伙伴的议价能力，进一步降低运营成本，提高盈利能力。

品牌影响力则是企业在市场中形成的独特标识和信誉度，它体现了企业品牌的价值和影响力。品牌影响力的大小直接决定了企业在消费者心中的地位，影响消费者的购买决策和忠诚度。一个拥有强大品牌影响力的企业，能够吸引更多的消费者关注，提高产品或服务的附加值，从而在竞争中占据有利地位。此外，品牌影响力还能够促进企业文化的传播，增强员工的归属感和自豪感，为企业创造更好的内部环境。

在评估企业市场份额和品牌影响力时，需要关注企业在目标市场中的占有率、增长率、市场份额的变动趋势以及品牌知名度、美誉度、忠诚度等关键指标。还需要结合行业特点、市场环境、竞争对手情况等因素进行综合分析，以便更准确地评估企业在市场中的地位和竞争力。

为了提高市场份额和品牌影响力，企业需要加强市场调研，深入了解消费者需求和市场趋势，制定有针对性的市场策略和产品策略。同时，还需要加强品牌建设和宣传，提高品牌知名度和美誉度，增强消费者对品牌的认知和信任。此外，企业还需要注重产品创新和服务优化，以满足消费者日益增长的个性化需求，提高产品附加值和市场竞争力。

2. 企业创新能力和持续发展能力，这是评估未来潜力的核心指标

企业创新能力，作为衡量企业能否在市场中持续保持竞争优势的关键因素，体现了企业在技术研发、产品创新、管理创新等方面的能力和水平。创新能力强的企业能够不断推出新产品、新技术和新服务，满足消费者不断变化的需求，从而在竞争中占据领先地位。同时，创新能力还能够促进企业内部管理的优化和升级，提高企业的运营效率和管理水平。

持续发展能力反映了企业在长期发展中保持竞争优势和稳定增长的潜力。这包括企业的战略规划能力、资源配置能力、风险管理能力等。一个具备持续发展能力的企业，能够在市场环境变化时及时调整战略方向，合理配置资源，有效应对风险挑战，从而保持企业的稳定增长和竞争力。

在评估企业创新能力和持续发展能力时，我们需要关注企业的研发投入、专利申请数量、新产品推出速度、管理创新举措等关键指标。同时，还需要结合企业的战略规划、组织结构、企业文化等因素进行综合分析，以更全面地评估企业的创新能力和持续发展潜力。

为了提高企业创新能力和持续发展能力，企业需要加大研发投入力度，建立完善的创新体系和创新机制。这包括加强技术研发团队建设，提高技术创新能力；加强产学研合作，引进外部创新资源；加强知识产权管理和保护，提高企业的核心竞争力。企业还需要注重战略规划的制定和实施，明确发展方向和目标，合理配置资源，确保企业的长期发展。此外，企业还需要加强风险管理和内部控制，建立完善的风险预警和应对机制，提高企业的抗风险能力和稳定性。

3. 竞争力评估指标的综合运用与持续优化

在评估企业竞争力时，我们需要综合运用市场份额和品牌影响力、创新能力和持续发展能力等关键指标，形成一套全面、完整的评估体系。这有助于更准确地了解企业在市场中的地位和竞争力，为企业的战略规划和决策提供有力的支持。

同时，我们还需要根据市场环境的变化和企业的发展需求，不断优化和完善竞争力评估指标体系。这包括关注新兴技术和市场动态，及时调整评估指标和权重；加强数据收集和分析能力，提高评估的准确性和时效性；加强与国际先进企业的交流，借鉴其成功经验。

在优化竞争力评估指标体系的过程中，我们还需要注重评估结果的运用和反馈。通过将评估结果与企业的战略规划、绩效考核等相结合，形成有效的激励机制和约束机制，激发企业的创新活力和发展动力。同时，还需要加强对评估结果的反馈和沟通，及时发现问题和不足，为企业的持续改进和优化提供有力的支持。

（四）企业体育文化如何塑造企业形象与增强团队凝聚力

在快速变化的市场环境中，企业文化作为企业的核心竞争力之一，其重要性日益凸显。企业体育文化，作为企业文化的重要组成部分，不仅关乎员工的身心健康，还塑造企业的外在形象，提高企业内部的凝聚力和团队协作能力。以下将从企业体育文化对企业形象的塑造和提高，以及对企业员工凝聚力和团队协作能力的提高两大方面，深入探讨企业体育文化的深远影响。

1. 企业体育文化对企业形象的塑造和提高，能够构建积极向上的品牌形象

企业体育文化通过一系列体育活动和赛事的举办，不仅丰富了员工的业余生活，更在无形中传递着企业的价值观和精神风貌。这些活动往往能够吸引媒体和公众的关注，成为展示企业形象的重要窗口。一个积极参与社会公益活动、注重员工健康、倡导团队合作的企业，会在公众心中树立起积极向上的品牌形象。

首先，企业体育文化所倡导的公平竞争、团队协作、勇于挑战等精神特质，与企业所追求的诚信、创新、责任等价值观相契合，共同构成了企业独特的文化标识。这些价值观和精神特质通过体育活动的形式得以生动展现，使企业的品牌形象更加鲜明、立体。例如，通过举办企业运动会、篮球赛等活动，企业不仅能够展示员工的活力和团队精神，还能够传递出企业注重员工健康、倡导积极向上的生活方式的企业文化。

其次，企业体育文化在塑造企业外在形象的同时，也在提高着企业的品牌美誉度和知名度。一个拥有良好企业体育文化的企业，往往能够吸引更多的人才加入，提高自身的吸引力和竞争力。同时，这些活动还能够增进企业与消费者、合作伙伴等利益相关者的沟通与互动，提高企业的社会影响力和市场地位。

为了进一步提高企业形象，企业要积极组织参与各类体育赛事和公益活动，将企业的品牌形象与体育赛事相结合，形成独特的品牌传播策略。例如，赞助体育赛事、举办体育主题活动等，都是提高企业知名度和美誉度的有效途径。通过这些活动，企业不仅能够展示自身的实力和影响力，还能够树立企业积极履行社会责任、关注公益事业的形象。

2. 企业体育文化对企业员工凝聚力和团队协作能力的提高，可以营造高效协作的团队氛围

企业体育文化在塑造企业形象的同时，也在企业内部发挥着重要的作用。它通过一系列体育活动和团队建设活动，增强了员工之间的沟通与协作，提高了团队的凝聚力和协作能力。

首先，企业体育活动为员工提供了一个展示自我、挑战自我的平台。员工能够暂时放下工作的压力，以更加轻松、愉悦的心态参与到这些活动中。这种氛围有助于打破部门壁垒，增进员工之间的了解和信任，为团队合作打下坚实的基础。同时，体育活动中的竞争和合作元素也激发了员工的斗志和团队精神，使他们更加珍惜团队合作带来的胜利和成就感。

其次，企业体育文化所倡导的团队协作和集体荣誉感，使员工更加注重团队的整体利益和目标。在参与体育活动的过程中，员工学会了如何在团队中发挥个人优势、如何与同事协同作战、如何在面对困难时保持冷静和乐观。这些经验和技能不仅能够在体育活动中发挥作用，还能够在日常工作中得到应用和转化，提高团队的协作效率和整体战斗力。

为了进一步提高员工凝聚力和团队协作能力，企业可以定期组织团队建设活动和体育活动，如户外拓展、团队竞赛等。参与这些活动不仅能够增进员工之间的了解和信任，还能够激发员工的团队精神和创新意识。同时，企业还可以将体育活动与员工培训相结合，通过体育活动中的团队协作和竞争来培养员工的团队协作能力和领导力。

值得注意的是，企业体育文化的建设并非一蹴而就，需要企业长期地投入和坚持。为了保持企业体育文化的活力和吸引力，企业需要不断创新体育活动的形式和内容，以满足员工多样化的需求和兴趣。同时，企业还需要建立完善的激励机制和奖励制度，鼓励员工积极参与体育活动和团队建设活动，为企业的持续发展提供源源不断的动力。

第八章　体育文化与健康教育的融合路径

第一节　体育课程与健康教育的整合

一、体育课程内容的优化与拓展

（一）将健康教育内容融入体育课程

在当今社会，健康已成为人们日益关注的话题。学校作为培养学生全面发展的重要场所，将健康教育内容融入体育课程，不仅能够提高学生的健康意识，还能促进其体质与心理的双重健康。以下将详细探讨健康教育内容的筛选与整合，以及体育课程中健康教育内容的实施策略，旨在为教育工作者提供一套可操作、有效的健康教育融入体育课程的方法。

1. 健康教育内容的筛选与整合

（1）根据学生年龄段选择合适的健康教育内容

学生的身心发展具有阶段性特点，不同年龄段的学生对健康教育的需求和理解能力存在差异。因此，在筛选健康教育内容时，必须充分考虑学生的年龄特征，确保内容的针对性和适宜性。

对于小学生而言，健康教育应侧重于基础卫生习惯、营养知识、简单的急救技能以及基本的心理健康概念，如情绪管理、自我认知等。这些内容以直观、生动的方式呈现，易于学生接受和理解。

进入中学阶段，学生的抽象思维能力和自我意识逐渐增强，健康教育内容应更加深入和全面。除了继续强化基础健康知识外，还应增加关于疾病预防、青春期生理心理变化、心理健康维护、合理膳食与运动等方面的内容。这些内容旨在帮助学生建立科学的健康观念，提高自我保健能力。

（2）将健康知识与体育技能相结合

体育与健康密不可分，将健康知识融入体育课程，不仅能够增强体育教学的实用性和趣味性，还能使学生在实践中加深对健康知识的理解。例如，在教授篮球技能时，可以融入运动伤害的预防与处理知识；在田径训练中，讲解合理的营养搭配和水分补充的重要性。这种结合不仅丰富了体育课程的内容，还使学生在学习体育技能的同时，掌握相关的健康知识，形成综合性的健康素养。

为了更有效地整合健康知识与体育技能，教育者需要不断更新教育理念，提高专业素养。通过参加专业培训、研讨交流等方式，教育者可以及时了解最新的健康教育研究成果和体育教学理念，从而更好地设计和实施综合性体育课程。

2. 体育课程中健康教育内容的实施策略

（1）融入日常体育教学，形成常态化教学

将健康教育内容融入日常体育教学，是实现健康教育目标的关键。教育者应根据体育课程的教学内容和进度，灵活穿插健康教育知识，使学生在进行体育锻炼的同时接受健康教育的熏陶。例如，在准备活动中加入拉伸放松技巧的教学，强调预防运动损伤的重要性；在总结环节中，分享健康饮食和作息习惯对运动表现的影响。

为了实现常态化教学，教育者还需要注重对教学方法的创新。通过采用情景模拟、角色扮演、小组讨论等多样化的教学手段，激发学生的学习兴趣和参与热情，使健康教育内容更加贴近学生生活，让学生易于理解和接受。

此外，教育者还应关注学生的个体差异，实施差异化教学。根据学生的健康状况、运动能力和兴趣爱好，制订个性化的健康教育计划，确保每位学生都能在适合自己的节奏下接受健康教育。

（2）开设专题健康教育课，深化学生理解

除了融入日常体育教学外，开设专题健康教育课也是深化学生理解的有效途径。专题健康教育课可以围绕特定的健康主题展开，如心理健康、营养与健康、运动损伤预防等。通过系统地讲解、案例分析、实践操作等环节，使学生全面、深入地了解相关健康知识，提高健康素养。

在开设专题健康教育课时，教育者应注重课程内容的科学性和实用性。通过查阅权威资料、邀请专家讲座等方式，确保课程内容的准确性和权威性。同时，教育者还应结合学生的生活实际，设计贴近学生需要的课程内容，提高课程的实用性和吸引力。

为了增强专题健康教育课的教学效果，教育者还可以采用项目式学习、探究式学习等教学模式。通过引导学生主动探索、实践解决问题，激发学生的学习兴趣和创造力，培养其自主学习和团队合作的能力。

3. 面临的挑战与应对策略

将健康教育内容融入体育课程具有诸多优势，但在实施过程中面临一些挑战。例如，教育者对健康教育的重视程度不够、教学资源不足、学生参与度不高等问题。为了克服这些挑战，教育者需要采取一系列应对策略。

首先，加强对教育者的培训和支持。通过组织专业培训、分享优秀案例等方式，提高教育者对健康教育的认识和重视程度，增强其教学能力和创新意识。同时，为教育者提供充足的教学资源和支持，如教材、教具、网络平台等，确保教学活动的顺利开展。

其次，优化课程设置和教学方法。根据学生的学习需求和兴趣特点，灵活调整课程设置和教学方法，提高课程的实用性和吸引力。通过引入多样化的教学手段和评估方式，激发学生的学习兴趣和参与热情，促进其全面发展。

最后，加强家校合作和社区参与。加强与家长的沟通和合作，家校共同关注学生的健康教育和成长发展。同时，积极寻求社区资源的支持和参与，为学生提供更广阔的学习和实践平台，增强其社会适应能力和健康素养。

（二）开设健康与体育相结合的选修课程

在当今社会，健康已成为人们普遍关注的话题。学校作为培养学生全面发展的重要场所，不仅应注重学生的知识学习，更应关注学生的身心健康。因此，开设健康与体育相结合的选修课程，结合学生的兴趣和健康需求，培养学生的健康意识和自我保健能力，成为学校教育改革的重要方向。以下将详细探讨这类选修课程的设计思路与目标、实施与管理，以期为教育工作者提供有益的参考。

1. 选修课程的设计思路与目标

（1）结合学生的兴趣与健康需求设计多样化的课程

选修课程的设计应充分考虑学生的兴趣和健康需求，以多样化的课程形式和内容吸引学生积极参与。在课程设计上，可以围绕健康知识普及、运动技能提高、心理健康维护等多个维度展开，如“运动营养与饮食管理”“瑜伽与心理健康”“篮球技巧与运动损伤预防”等。这些课程不仅能够满足学生对健康知识的需要，还能激发他们对体育运动的兴趣，促进身心健康的全面发展。

为了更准确地把握学生的兴趣点和健康需求，学校可以通过问卷调查、座谈会等方式，广泛收集学生的意见和建议。同时，结合学生的年龄、性别、身体条件等因素，设计具有针对性的课程内容，以确保课程的实用性和吸引力。

此外，选修课程的设计还应注重与学科教学的融合。例如，将生物学、心理学等学科知识融入健康与体育课程中，使学生在学习健康知识的同时，提高对相关学科的理解和应用能力。

（2）培养学生健康意识与自我保健能力

开设健康与体育相结合的选修课程，旨在培养学生的健康意识和自我保健能力。通过对课程的学习，学生能够掌握基本的健康知识，了解身体和心理的变化规律，学会科学的锻炼方法和自我保健技巧。这些能力不仅有助于学生在日常生活中保持健康的生活方式，还能在面临健康问题时，做出正确的判断和应对。

为了培养学生的健康意识和自我保健能力，选修课程应注重理论与实践的结合。在传授健康知识的过程中，安排实践操作环节，如营养餐的制作、运动计划的制订、急救技能的演练等。这些实践活动不仅能够加深学生对健康知识的理解和记忆，还能提高他们的动手能力和解决问题的能力。

此外，选修课程还应注重培养学生的健康行为习惯。通过课程中的案例分析、角色扮演等教学方式，引导学生认识到健康行为的重要性，并鼓励他们将所学知识应用到日常生活中，形成健康的生活方式。

2. 选修课程的实施与管理

（1）制订详细的课程计划与教学大纲

为了确保选修课程的顺利实施，学校应制订详细的课程计划与教学大纲。

课程计划应明确课程的开设时间、地点、授课教师等基本信息，以及课程的教学内容、教学目标和教学方法等核心内容。教学大纲应详细阐述每门课程的课程背景、课程目标、课程内容、教学方法与手段、课程考核与评价等方面的内容。

在制订课程计划与教学大纲时，学校应充分考虑学生的实际情况和教师的专业能力。同时，结合学校的教学资源和设施条件，合理安排课程的开设时间和地点，以确保课程的顺利进行。

此外，学校还应定期对课程计划与教学大纲进行评估和调整。通过收集学生的反馈意见和教师的教学心得，了解课程实施的效果和存在的问题，及时对课程计划与教学大纲进行修订和完善，确保课程的质量和效果。

（2）加强师资培训，提高教学水平

教师是选修课程实施的关键。为了确保选修课程的教学质量，学校应加强师资培训，提高教师的教学水平。培训内容包括健康知识、体育教学理论、教学方法与技巧等方面。通过培训，使教师掌握最新的健康教育理念和教学方法，提高他们的教学能力和专业素养。

除了专业培训外，学校还应鼓励教师参加学术交流和教学研讨活动。通过与其他教师的交流和分享，教师了解最新的教学研究成果和教学方法，拓宽教学视野，提高教学水平。

学校应建立完善的教师激励机制。通过设立教学奖励、职称晋升等方式，激励教师积极参与选修课程的教学工作，提高他们的教学积极性和创造力。

在选修课程的实施过程中，学校还应加强对教师的监督和指导。通过定期的教学检查、听课评课等方式，了解教师的教学情况和学生的学习效果，及时发现问题并给予指导和帮助。同时，鼓励教师进行教学反思和总结，不断改进教学方法和手段，提高教学效果。

二、体育教学方法的改进与创新

（一）采用多样化的教学方法和手段

在当今快速变化的教育环境中，传统的教学方法和手段已难以满足学生多样化的学习需求。特别是在健康与体育教育领域，采用多样化的教学方法和手段，不仅能够激发学生的学习兴趣，还能有效提高教学效果，促进学生的全面发展。以下将详细探讨教学方法的多样化以及教学手段的现代化，以期为教育工作者提供有益的参考和启示。

1. 教学方法的多样化

（1）引入情境教学法、游戏教学法等新型教学方法

情境教学法强调在真实或模拟的情境中进行教学，使学生在具体的环境中学习和体验健康与体育知识。例如，在教授篮球技巧时，可以模拟比赛场景，让学生在实战中掌握运球、投篮等技能；在营养与健康课程中，可以创设超市购物情境，让学生运用所学知识选择健康的食品。这种方法能够增强学生的实践能力，提高学习的趣味性和实效性。

游戏教学法是通过游戏的方式进行教学，让学生在轻松愉快的氛围中学习健康与体育知识。例如，设计“健康知识大挑战”游戏，让学生学习营养、运动、心理健康等方面的知识；在体育教学中，可以引入接力赛、趣味运动会等活动，让学生锻炼身体，提高团队协作能力。游戏教学法能够激发学生的学习兴趣，增强学习的互动性。

引入这些新型教学方法，需要教育者具备创新意识和实践能力。因此，教育者应不断学习新的教学理念和方法，结合学生的实际情况和课程特点，灵活运用这些教学方法，以激发学生的学习兴趣和积极性。

（2）结合学生特点，因材施教

每个学生都是独特的个体，他们的兴趣、能力、需求等方面存在差异。因此，在健康与体育教育中，教育者应根据学生的个体差异，因材施教。

首先，教育者应了解学生的兴趣爱好和特长，根据学生的兴趣设计课程内容，使课程更具吸引力。例如，对于喜欢足球的学生，可以增加足球技巧和规则的教学内容；对于喜欢瑜伽的学生，可以开设瑜伽与心理健康课程。

其次，教育者应根据学生的能力水平，制订差异化的教学计划。对于能力较强的学生，可以提供更具挑战性的学习内容和任务；对于能力较弱的学生，则应给予更多的指导和帮助，降低学习难度，逐步提高他们的能力水平和兴趣。

最后，教育者还应关注学生的需求，及时调整教学策略和方法。例如，在

体育教学中，可以根据学生的身体条件和运动需求，设计不同难度的训练计划；在健康教育中，可以根据学生的心理健康需求，提供个性化的心理支持和辅导。

2. 教学手段的现代化

（1）利用多媒体、互联网等现代技术手段辅助教学

多媒体和互联网等现代技术手段为健康与体育教育提供了丰富的教学资源和便捷的教学工具。教育者可以利用这些技术手段，丰富教学内容，提高教学效果。

例如，在健康教育中，可以利用多媒体展示营养知识、运动技巧等方面的图片和视频，使学生更直观地了解相关知识；在互联网上搜索最新的健康资讯和研究成果，为学生提供前沿的健康知识。在体育教学中，可以利用互联网上的教学资源，如教学视频、训练计划等，为学生提供更全面的学习支持。

此外，教育者还可以利用这些技术手段进行远程教学、在线辅导等，突破时间和空间的限制，为学生提供更灵活的学习方式。例如，利用视频会议软件进行远程教学，让学生在家中就能接受健康与体育教育的指导；利用在线学习平台，为学生提供个性化的学习资源和评估服务。

（2）打造智能化体育教学平台，提高教学效率

随着人工智能技术的不断发展，智能化体育教学平台成为提高教学效率的重要手段。这些平台能够根据学生的身体状况、运动能力和兴趣爱好，提供个性化的教学方案和运动计划。

例如，智能化体育教学平台可以通过分析学生的运动数据，评估学生的身体状况和运动能力，为学生提供合适的运动强度和训练计划。同时，这些平台还可以根据学生的兴趣爱好，推荐相关的运动项目和课程，激发学生的学习兴趣和积极性。

此外，智能化体育教学平台还可以提供在线教学、学习评估、运动监测等功能，为教育者提供全面的教学支持。教育者可以通过平台了解学生的学习进度和效果，及时调整教学策略和方法；学生可以通过平台了解自己的运动数据和进步情况，激发学习动力。

在打造智能化体育教学平台的过程中，教育者需要关注平台的易用性和安全性。平台应具备简洁明了的操作界面和友好的用户体验，使学生能够轻

松上手；同时，平台应保障学生的个人信息安全和隐私保护，避免信息泄露和滥用。

（二）引入健康教育的评估与反馈机制

在健康教育的实施过程中，评估与反馈机制是不可或缺的重要环节。它们不仅能够帮助教育者了解学生的学习成效，还能够指导教育者根据学生的学习情况及时调整教学策略，从而提高教育质量。以下将从健康教育评估指标体系的建立和反馈机制的构建与实施两个方面进行详细探讨。

1. 健康教育评估指标体系的建立

健康教育评估指标体系是评估健康教育成效的重要工具。一个科学合理的评估指标体系应该能够全面、客观地反映学生的健康知识掌握程度、健康行为养成情况以及健康教育的整体效果。

（1）制定科学合理的评估标准与方法

制定科学合理的评估标准是确保评估结果准确性的关键。评估标准应该根据健康教育的目标，结合学生的年龄、性别、文化背景等因素进行制定。同时，评估标准应该具有可操作性、可测量性和可比较性，以便教育者能够准确地评估学生的学习成效。

在评估方法上，可以采用多种方法相结合的方式，如问卷调查、访谈、观察、测试等。这些方法可以相互补充，从不同角度全面评估学生的学习成效。例如，通过问卷调查可以了解学生对健康知识的掌握程度；通过访谈可以深入了解学生的健康行为养成情况；通过观察可以评估学生在实际生活中的健康行为表现；通过测试可以检验学生的健康知识应用能力。

（2）评估内容涵盖健康知识掌握、健康行为养成等方面

评估内容应该涵盖健康教育的各个方面，包括健康知识掌握、健康行为养成、健康意识提高等。健康知识的掌握是健康教育的基础，包括基本的健康知识、疾病预防知识、营养与健康知识等。健康行为养成是健康教育的核心，包括良好的生活习惯、合理的饮食安排、适量的运动等。健康意识提高则是健康教育的目标之一，旨在培养学生的健康意识，使他们能够主动关注自己的健康状况，积极预防疾病。

在评估时，应该注重评估内容的全面性和针对性。全面性意味着评估内容应该涵盖健康教育的各个方面，以确保评估结果的全面性；针对性意味着评估内容应该根据学生的实际情况和健康教育目标制订计划，以确保评估结果的针对性和有效性。

2. 反馈机制的构建与实施

反馈机制是健康教育评估的重要组成部分。通过反馈机制，教育者可以及时了解学生的学习情况，发现存在的问题，进而调整教学策略，提高教育质量。

（1）建立学生健康档案，跟踪记录学生健康状况

建立学生健康档案是反馈机制的基础。健康档案应该包括学生的基本信息、健康检查结果、健康行为记录等。通过跟踪记录学生的健康状况，教育者可以了解学生在健康教育方面的进步和不足，从而制定个性化的教学策略。

在建立健康档案时，应该注重保护学生的隐私和信息安全。教育者应该严格遵守相关法律法规，确保学生的个人信息不被泄露或滥用。同时，教育者还应该定期更新健康档案，确保档案信息的准确性和时效性。

（2）定期收集学生反馈，及时调整教学策略

定期收集学生反馈是反馈机制的关键。通过收集学生的反馈，教育者可以了解学生对健康教育的看法和意见，发现教学中存在的问题和不足。在收集学生反馈时，可以采用多种方式，如问卷调查、小组讨论、个别访谈等。

在收集到学生的反馈后，教育者应该及时进行分析和总结，找出教学中存在的问题和不足。然后，根据问题的性质和严重程度，制定相应的调整策略。例如，如果学生对健康知识的掌握程度不够，教育者可以加强相关知识的传授和讲解；如果学生的健康行为养成情况不佳，教育者可以加强相关行为的引导和督促。

同时，教育者还应该注重与学生之间的沟通和互动。通过与学生进行面对面的交流，教育者可以更加深入地了解学生的需求和想法，从而更加准确地调整教学策略。此外，教育者还可以鼓励学生提出自己的建议和意见，以便不断完善健康教育的内容和形式。

第二节　体育赛事与健康宣传的联动

一、体育赛事的举办与参与

（一）利用体育赛事进行健康宣传与教育

体育赛事作为社会文化生活中的重要组成部分，不仅具有娱乐性和竞技性，更蕴含着丰富的教育资源。近年来，随着人们健康意识的不断提高，利用体育赛事进行健康宣传与教育已成为一种新颖且有效的教育方式。以下将深入探讨体育赛事中的健康宣传策略以及体育赛事与健康教育的结合点挖掘，以期为健康教育领域带来新的启示和实践方向。

1. 体育赛事中的健康宣传策略

体育赛事作为公众关注度很高的活动，为健康宣传提供了得天独厚的平台。通过精心策划的宣传策略，可以有效提高公众对健康知识的认知度和参与度。

（1）在赛事中设置健康宣传展板、发放健康手册

在体育赛事现场，设置健康宣传展板是一种直观且易于接受的宣传方式。展板内容可以涵盖健康饮食、合理运动、疾病预防等方面，以图文并茂的形式吸引观众驻足观看。同时，配合发放健康手册，为观众提供更为详细和系统的健康知识。手册内容应简洁明了，便于携带和查阅，确保观众在观看赛事的同时，也能获取到实用的健康信息。

为了增强宣传效果，展板和手册的设计应注重视觉冲击力和信息可读性。采用鲜艳的色彩、生动的插图以及简洁明了的文字，使健康知识更加易于理解和记忆。此外，还可以利用二维码等技术手段，将线上资源与线下宣传相结合，为观众提供更为便捷和丰富的健康学习途径。

（2）邀请健康专家进行现场讲解与互动

在体育赛事期间，邀请健康专家进行现场讲解与互动是强化宣传效果的关键环节。专家可以就观众关心的健康问题进行解答，分享科学的健康理念和实用的健康技巧。通过现场互动，观众可以更加直观地了解健康知识，增强健康意识。

为了确保互动环节的有效性，组织者应提前与专家进行沟通，明确讲解主题和互动形式。在互动过程中，可以设置提问环节，鼓励观众积极参与，提出自己的疑问和看法。同时，专家还可以进行现场示范，如教授正确的运动姿势、演示简单的急救技能等，使观众在轻松愉快的氛围中学习到实用的健康知识。

2. 体育赛事与健康教育的结合点挖掘

体育赛事与健康教育的结合不仅限于宣传层面，更可以通过创新的活动形式，将健康理念融入赛事本身，达到寓教于乐的目的。

（1）将体育赛事与健康知识竞赛相结合

将体育赛事与健康知识竞赛相结合是一种新颖且富有挑战性的方式。组织者可以在赛事间隙或特定环节设置健康知识竞赛环节，邀请观众参与答题。竞赛题目可以涵盖健康饮食、运动健身、疾病预防等方面，既考验观众的健康知识水平，又增加了赛事的趣味性和互动性。

为了确保竞赛的公平性和趣味性，组织者应精心设计竞赛题目和规则。题目难度应适中，既不过于简单失去挑战性，也不过于复杂让观众望而生畏。同时，可以设置丰富的奖品和奖励机制，激发观众的参与热情和积极性。通过竞赛形式，观众可以在轻松愉快的氛围中学习到健康知识，提高健康素养。

（2）通过体育赛事传播健康生活方式

体育赛事是一种积极健康的生活方式的体现。通过体育赛事的传播力，可以引导公众树立正确的健康观念，培养健康的生活方式。例如，在赛事宣传中强调运动的重要性，鼓励观众积极参与体育锻炼；在赛事报道中分享健康饮食和作息习惯方面的知识，引导观众养成良好的生活习惯。

为了实现这一目标，组织者应与媒体机构建立紧密的合作关系，共同策划和推出健康主题的赛事报道和宣传活动。通过媒体的广泛传播，将健康理念深入人心，激发公众对健康生活的向往和追求。组织者还可以利用社交媒体等新媒体平台，与观众进行实时互动和交流，分享健康知识和经验，形成积极向上的健康文化氛围。

（二）鼓励公众积极参与体育赛事与健康活动

体育赛事与健康活动作为促进公众健康、增强社会凝聚力的重要途径，其参与度的提高不仅关乎活动的成功与否，更是推动健康宣传、提高全民健康素养的关键。以下将从公众参与度的提高策略以及公众参与对健康宣传效果的推动作用两个方面，深入探讨如何有效鼓励公众积极参与体育赛事与健康活动。

1. 公众参与度的提高策略

为了吸引更多公众参与到体育赛事与健康活动中来，需要采取一系列策略，以满足不同人群的需求，提高活动的吸引力和参与度。

（1）举办形式多样的体育赛事，满足不同人群需求

体育赛事的多样性是吸引公众参与的关键。不同年龄、性别、兴趣爱好的人群对体育赛事的需求各不相同，因此，组织者应根据目标群体的特点，设计多样化的赛事项目。例如，针对青少年可以举办校园运动会、青少年足球联赛等；针对中青年可以组织马拉松、徒步大会等挑战性赛事；针对老年人则可以开设太极拳、广场舞等适合其身体条件的健身活动。此外，还可以结合地域文化特色，举办具有地方特色的传统体育赛事，如龙舟赛、舞狮大会等，以增强活动的吸引力和参与感。

为了满足不同技能水平的参与者的需求，赛事设计还应注重层次性和包容性。例如，可以设立不同级别的比赛，如初学者组、业余组、专业组等，让不同水平的选手都能在适合自己的舞台上展示风采。同时，通过设立趣味赛、亲子赛等形式，鼓励家庭成员共同参与，增进亲子关系，营造和谐的家庭健身氛围。

（2）加强赛事宣传，提高公众知晓度

赛事宣传是提高公众参与度的重要手段。组织者应充分利用各种媒体资源，包括电视、广播、报纸、网络等，进行全方位、多层次的宣传。通过发布赛事预告、精彩瞬间回顾、获奖选手访谈等内容，吸引公众关注，激发参与热情。

在宣传策略上，应注重创意和互动性。例如，可以利用社交媒体平台开展线上互动活动，如投票选出最受欢迎的运动项目、分享个人运动故事赢取奖品等，增加公众与赛事的互动和黏性。同时，通过与知名运动员、健身达人等合作，邀请他们担任赛事形象大使或代言人，利用他们的影响力和号召力，提高赛事的知名度和吸引力。

此外，还可以通过社区、学校、企业等渠道进行线下宣传，如张贴海报、发放宣传册、举办健康讲座等，将赛事信息传递给更广泛的受众群体。

2. 公众参与对健康宣传效果的推动作用

公众参与体育赛事与健康活动不仅能够促进个人健康，还能对健康宣传产生积极的推动作用，扩大健康知识的影响力，激发公众对健康生活的热情与向往。

（1）通过公众参与扩大健康宣传的影响力

体育赛事与健康活动作为公共平台，具有广泛的受众基础和传播效应。公众的积极参与能够将这些活动转化为健康宣传的有力载体。例如，在赛事现场设置健康知识展板、发放健康手册、开展健康讲座等活动，将健康理念融入赛事的各个环节，使参与者在享受运动乐趣的同时，也能学习到实用的健康知识。

此外，通过媒体对赛事的报道和直播，可以将健康宣传的信息传递给更广泛的受众群体。媒体在报道赛事的同时，可以穿插健康知识的介绍和解读，提高公众对健康问题的关注和认识。例如，在马拉松赛事报道中，可以介绍跑步的正确姿势、运动前后的拉伸方法、如何合理补充水分等健康知识，引导公众形成科学的运动习惯。

（2）激发公众对健康生活的热情与向往

公众的积极参与能够营造积极向上的健康文化氛围，激发人们对健康生活的热情与向往。体育赛事与健康活动不仅能够提供身体锻炼的机会，还能够传递健康、积极、向上的生活态度和价值观。通过参与这些活动，人们可以亲身感受到运动带来的快乐和成就感，从而更加关注自己的健康状况。

为了进一步增强公众参与对健康生活的推动作用，组织者可以举办健康主题的活动，如健康知识竞赛、健康生活分享会等，鼓励参与者分享自己的健康经验和心得，形成健康生活的良好风尚。同时，通过设立健康奖项、健康之星评选等活动，表彰在健康生活中表现突出的个人或团队，树立健康生活的榜样和标杆，引导更多人加入健康生活的行列中来。

二、健康宣传的普及与深入

（一）借助体育赛事平台开展健康宣传活动

体育赛事作为社会文化生活中的重要组成部分，不仅具有高度的竞技性和观赏性，更是一个强大的宣传平台，能够吸引广泛的公众关注。借助体育赛事平台开展健康宣传活动，不仅能够有效地传递健康信息，提高公众的健康意识，还能够借助赛事的影响力，扩大健康宣传的覆盖面和影响力。以下将从体育赛事平台的宣传优势分析以及健康宣传活动的策划与实施两个方面，深入探讨如何借助体育赛事平台开展健康宣传活动。

1. 体育赛事平台的宣传优势分析

体育赛事平台作为健康宣传的载体，具有诸多独特的优势，这些优势为健康宣传活动的成功开展提供了有力保障。

（1）赛事影响力大，受众面广

体育赛事，尤其是大型国际赛事，如奥运会、世界杯等，具有极高的全球影响力和广泛的受众基础。这些赛事不仅能够吸引大量的现场观众，还能够通过电视、网络等媒体平台，将赛事信息传播到全球各地，覆盖数以亿计的观众。借助这样的平台开展健康宣传活动，能够迅速将健康信息传递给广泛的受众群体，实现健康知识的快速传播和普及。

体育赛事的影响力还体现在其能够跨越年龄、性别、地域等界限，吸引不同背景、不同需求的观众。这使健康宣传活动能够针对不同人群，制定更具针对性的宣传策略，强化宣传效果。

（2）赛事氛围浓厚，易于吸引公众的注意力

体育赛事通常伴随着浓厚的竞技氛围和激情四溢的比赛场面，这能够极大地激发观众的参与热情和关注度。在赛事期间，公众对于与赛事相关的任何信息都会表现出高度的兴趣和好奇心。因此，借助体育赛事平台开展健康宣传活动，能够轻松地吸引公众的注意力，提高宣传活动的曝光度和影响力。

此外，体育赛事的现场氛围也为健康宣传提供了良好的互动环境。组织者可以通过设置健康知识问答、互动游戏等环节，与观众进行互动，增强宣传活动的趣味性和参与性，从而进一步强化宣传效果。

2. 健康宣传活动的策划与实施

借助体育赛事平台开展健康宣传活动，需要精心策划和实施，以确保宣传活动的顺利进行和宣传效果的最大化。

（1）根据赛事特点制定针对性强的宣传方案

不同的体育赛事具有不同的特点和受众群体。因此，在制定健康宣传方案

时，需要充分考虑赛事的特点和受众需求，制定针对性的宣传策略。例如，针对足球赛事，可以重点宣传运动对心肺功能的好处；针对篮球赛事，则可以强调运动对骨骼和肌肉健康的作用。

在制定宣传方案时，还需要注重宣传内容的创新性和趣味性。通过设计生动有趣的宣传素材，如海报、视频、动画等，吸引观众的注意力，提高宣传活动的吸引力。同时，结合赛事的热点话题和流行趋势，设计具有时效性和话题性的宣传内容，使宣传活动更加贴近观众的生活和兴趣。

（2）加强与媒体的合作，扩大宣传范围

媒体是体育赛事和健康宣传活动的重要传播渠道。加强与媒体的合作，能够有效地扩大宣传活动的覆盖面和影响力。

首先，需要与主流媒体建立良好的合作关系。通过邀请媒体记者进行现场报道、采访，以及提供赛事和宣传活动的相关信息和素材，引导媒体进行正面报道和宣传。同时，积极利用媒体的社交媒体平台，发布宣传活动的相关内容，与观众进行互动和交流，提高宣传活动的传播速度和效果。

其次，可以探索与新媒体的合作方式。新媒体具有传播速度快、覆盖面广、互动性强等特点，是健康宣传的重要渠道。通过与新媒体平台合作，如短视频平台、直播平台等，开展线上宣传活动，如健康知识讲座、运动教学视频等，吸引更多年轻观众关注和参与。

最后，还可以利用赛事的官方社交媒体账号，发布健康宣传信息，与观众进行互动。通过发布健康小贴士、运动建议等内容，引导观众形成健康的生活方式。同时，组织线上问答、互动游戏等活动，增加观众的参与感和黏性，提高宣传活动的传播效果。

在实施健康宣传活动时，还需要注重活动的执行力和效果评估。确保宣传活动的各项措施得到有效落实，如宣传材料的制作和分发、现场活动的组织和执行等。同时，建立科学的评估机制，对宣传活动的传播效果、受众反馈等进行评估和分析，及时发现问题并进行调整和优化。

（二）拓宽健康宣传的渠道与形式

健康宣传作为提高公众健康意识、传播健康知识的重要手段，其渠道与形式的多样化与创新性对于强化宣传效果至关重要。随着信息技术的飞速发展和人们生活方式的变化，健康宣传渠道不再局限于传统的电视、广播等媒体，而是向社交媒体、移动应用等多元化渠道拓宽，同时宣传形式也更加丰富多样，旨在吸引更多公众的关注和参与。以下将从宣传渠道的多样化以及宣传形式的创新两个方面，深入探讨如何拓宽健康宣传的渠道与形式。

1. 宣传渠道的多样化

为了更有效地传递健康信息，强化宣传效果，必须充分利用各种宣传渠道，实现信息的全方位覆盖。

（1）利用社交媒体、电视、广播等多种渠道进行宣传

社交媒体作为当下最为流行的信息传播平台，具有传播速度快、覆盖范围广、互动性强等特点，是健康宣传的重要渠道。通过创建官方社交媒体账号，定期发布健康资讯、健康小贴士等内容，可以迅速吸引大量关注者，提高健康信息的传播效率。利用社交媒体平台的互动功能，如评论、点赞、转发等，可以加强与公众的互动，提高宣传活动的参与度和影响力。

电视和广播作为传统媒体，虽然面临着新兴媒体的冲击，但其在传播健康信息方面仍然具有不可替代的作用。通过制作健康专题节目、健康知识讲座、健康公益广告等，可以将健康信息传递给更广泛的受众群体，特别是那些不太擅长使用新兴媒体的老年人和偏远地区居民。此外，电视和广播的权威性和公信力较高，能够更有效地传递健康信息，提高公众的信任度和接受度。

（2）打造健康宣传专栏，定期发布健康资讯

除了利用社交媒体、电视、广播等渠道进行宣传外，还可以打造健康宣传专栏，定期发布健康资讯，为公众提供权威、全面的健康信息。这些专栏可以设置在报纸、杂志、网站等媒体平台上，根据目标受众的特点和需求，设计不同风格和内容的专栏。例如，针对老年人的健康专栏可以重点介绍慢性病防治、健康养生等知识；针对年轻人的健康专栏则可以关注心理健康、运动健身等话题。

通过打造健康宣传专栏，可以形成健康信息的持续传播和积累效应，提高公众对健康问题的关注度和认知度。同时，专栏的权威性和专业性也能够提高健康信息的可信度和影响力，引导公众形成正确的健康观念和行为习惯。

2. 宣传形式的创新

在宣传渠道多样化的基础上，还需要注重宣传形式的创新，以提高宣传的趣味性和吸引力，激发公众的参与热情。

（1）制作健康宣传短视频、动画等，提高宣传趣味性

随着短视频和动画技术的快速发展，这些形式已经成为吸引公众关注和传播健康信息的重要手段。通过制作健康宣传短视频、动画等，可以将复杂的健康知识以简洁明了、生动有趣的方式呈现给公众，提高宣传的趣味性和吸引力。例如，可以制作关于健康饮食、运动健身等方面的短视频和动画，引导公众了解健康生活方式的重要性和实践方法。

这些短视频和动画可以发布在社交媒体平台上，利用平台的传播优势，实现信息的快速传播和广泛覆盖。同时，还可以利用短视频和动画的互动性特点，与公众进行互动和问答，提高宣传活动的参与度和互动性。

（2）开展健康知识竞赛、讲座等活动，增强公众参与度

除了制作短视频和动画外，还可以开展健康知识竞赛、讲座等活动，增强公众的参与度和互动性。这些活动可以针对不同年龄、性别、职业等人群的特点和需求，设计不同形式和内容的竞赛和讲座。例如，可以组织面向学生的健康知识竞赛，通过趣味性的竞赛形式激发学生对健康知识的兴趣和热情；可以邀请专家学者举办健康讲座，为公众提供权威、专业的健康指导和建议。

通过开展健康知识竞赛和讲座等活动，不仅可以提高公众对健康问题的关注度和认知度，还可以增强公众的参与感和归属感，促进健康知识的传播和普及。同时，这些活动还可以为公众提供一个交流和分享的平台，促进健康信息的共享和互动。

第三节　体育社团与健康教育的结合

一、体育社团的建设与管理

（一）加强体育社团的组织与管理能力

体育社团作为推动体育事业发展、促进全民健康的重要力量，其组织与管

理能力直接影响社团活动的质量、成员的凝聚力以及社团的持续发展。因此，加强体育社团的组织与管理能力，对于提高社团影响力、促进体育事业健康发展具有重要意义。以下将从体育社团组织架构的优化和管理能力的提高两个方面，深入探讨加强体育社团组织与管理能力的策略与实践。

1. 明确社团宗旨与目标，完善组织架构

体育社团应首先明确自身的宗旨与目标，这是社团发展的方向和动力。在此基础上，根据社团的实际情况和未来发展需求，完善组织架构，确保各职能部门职责明确、分工合理。组织架构的优化应体现扁平化、灵活化的原则，减少层级、提高效率，同时注重各部门之间的沟通与协作，形成合力。

在完善组织架构的过程中，还应设立专门的监督机构或委员会，负责监督社团活动的合法合规性、财务状况以及成员行为等，以确保社团的健康发展。此外，还应建立健全的决策机制，确保社团重大事务的决策科学合理、民主透明。

2. 加强社团内部沟通与协作，提高执行力

沟通与协作是组织高效运作的关键。体育社团应加强内部沟通与协作，建立有效的沟通渠道和协作机制，确保信息畅通、决策执行有力。可以通过定期召开会议、建立内部通信平台等方式，加强成员之间的沟通与联系，及时了解社团动态和成员需求。

同时，应注重培养成员的团队协作精神和执行力，通过团队建设活动、项目合作等方式，增强成员之间的信任和默契，提高团队的凝聚力和战斗力。在执行社团活动时，应注重细节管理，确保活动计划周密、流程顺畅，提高活动的执行效率和效果。

（二）体育社团管理能力的提高策略

管理能力是体育社团持续发展的关键。提高管理能力，不仅可以提高社团的运行效率，还可以增强社团的竞争力和影响力。

1. 定期对社团成员进行培训，提高管理能力

培训是提高管理能力的有效途径。体育社团应定期对成员进行管理能力培训，包括领导力、项目管理、团队协作、沟通技巧等方面的培训。通过培训，

使成员掌握先进的管理理念和方法，提高解决实际问题的能力。

培训可以采取线上与线下相结合的方式，邀请专家学者进行授课，分享管理经验和成功案例。同时，鼓励成员参加行业内的培训和交流活动，拓宽视野，增长见识。通过培训，不仅可以提高成员的个人管理能力，还可以提高社团的整体管理水平。

此外，还可以设立内部培训机制，鼓励成员之间互相学习、互相借鉴，形成良好的学习氛围。通过内部培训，使成员在实践中不断成长、进步。

2. 引入现代管理理念与方法，提高社团运营效率

随着信息技术的飞速发展和市场竞争的日益激烈，现代管理理念与方法在体育社团中的应用越来越广泛。引入现代管理理念与方法，可以显著提高社团的运营效率和竞争力。

首先，可以引入项目管理理念，对社团的重大活动进行项目化管理。通过明确项目目标、制订项目计划、分配项目资源、监控项目进度等方式，确保活动的顺利进行和高效完成。同时，注重项目风险管理，及时识别并解决潜在风险，确保项目的成功实施。

其次，可以引入信息化管理手段，如建立社团信息管理系统、使用社交媒体平台进行宣传推广等。通过信息化管理，可以实现信息的快速传递和共享，提高决策效率和准确性。同时，利用大数据和人工智能技术，对社团数据进行深入分析和挖掘，为社团发展提供科学依据和决策支持。

最后，还可以引入绩效管理理念，对成员的工作表现进行定期评估和反馈。通过设立明确的绩效指标和考核标准，激励成员积极工作、追求卓越。同时，根据绩效评估结果，对成员进行奖励和惩罚，形成有效的激励机制和约束机制。

二、体育社团在健康教育中的作用

（一）体育社团在健康知识传播中的角色

体育社团作为连接个人与社会的重要桥梁，在促进全民健康、推动健康知识传播方面扮演着举足轻重的角色。它们不仅为成员提供了一个交流互动、共同成长的平台，还通过一系列内部会议、活动以及成员间的互动，成为健康知

识传播的重要渠道。以下将从体育社团在健康知识传播中的渠道、效果评估两个方面，深入探讨其在健康知识传播中的角色与实践。

1. 健康知识的传播渠道

体育社团通过其独特的组织架构和活动形式，为健康知识的传播提供了多样化的渠道。

（1）社团内部会议、活动成为健康知识传播的重要平台

体育社团的内部会议和活动，如训练课程、会员大会、比赛交流等，不仅是成员间增进友谊、提高技能的场所，更是健康知识传播的重要平台。在这些活动中，社团可以邀请专业教练、营养师、健康专家等，为成员提供科学的运动指导、营养膳食建议以及健康生活方式等方面的知识。

例如，在训练课程中，教练可以结合运动项目，向成员讲解如何正确进行热身、拉伸，如何避免运动损伤等健康知识；在会员大会上，可以邀请营养师分享如何平衡膳食、保持合理体重等营养知识；在比赛交流中，可以强调团队合作、公平竞争等心理健康方面的知识。通过这些活动，健康知识得以在社团内部得到有效传播，帮助成员树立正确的健康观念，提高健康素养。

此外，社团还可以利用社交媒体、官方网站等线上平台，发布健康知识文章、视频等，进一步扩大健康知识的传播范围。这些线上平台不仅方便成员随时获取健康信息，还能通过点赞、评论等方式，促进成员间的互动与交流，增强健康知识的传播效果。

（2）社团成员成为健康知识的传播者与推广者

体育社团的成员来自各行各业，他们不仅是健康知识的接受者，更是健康知识的传播者与推广者。在社团活动中，成员们通过亲身实践和学习，掌握了丰富的健康知识，这些知识在他们日常生活中得到了广泛应用，并逐渐传播给家人、朋友和周围的人。

例如，一个热爱跑步的社团成员，在社团活动中学习了如何正确跑步、如何预防运动损伤等健康知识后，可能会将这些知识分享给自己的家人和朋友，鼓励他们一起参与运动，共同享受运动的乐趣和带来的健康益处。这种基于人际关系的健康知识传播方式，具有高度的可信度和影响力，能够更有效地促进健康知识的普及和应用。

2. 健康知识传播的效果评估

为了确保健康知识传播的有效性和针对性，体育社团需要对传播效果进行评估，并根据评估结果不断调整传播策略与方式。

（1）通过问卷调查、访谈等方式收集反馈

问卷调查和访谈是收集健康知识传播效果反馈的常用方法。社团可以设计问卷，内容涵盖健康知识掌握程度、传播方式满意度、健康行为改变等方面的问题，向成员发放并收集反馈。同时，还可以选择部分成员进行深度访谈，了解他们对健康知识的认知、态度以及行为改变的具体情况。

通过问卷调查和访谈，社团可以直观地了解成员对健康知识的接受程度、传播方式的满意度以及健康行为改变的情况。这些反馈数据为社团提供了宝贵的参考信息，有助于社团了解健康知识传播的效果和存在的问题，为后续的传播策略调整提供依据。

（2）根据反馈结果，不断调整传播策略与方式

在收集到反馈数据后，社团需要对数据进行分析和解读，找出健康知识传播中存在的问题和不足。例如，如果发现成员对健康知识的掌握程度较低，可能是因为传播方式不够生动、有趣，或者传播内容过于生硬、专业、难以理解。针对这些问题，社团可以调整传播策略，如采用更加生动、有趣的传播方式，如短视频、动画等；或者简化传播内容，用通俗易懂的语言进行表述。

同时，社团还可以根据成员的需求和兴趣，定制个性化的健康知识传播方案。例如，对于热爱运动的成员，可以重点传播运动健康知识；对于关注饮食健康的成员，则可以分享营养膳食建议等。通过个性化的传播方案，社团可以更有效地满足成员的需求，提高健康知识传播的针对性和有效性。

此外，社团还可以建立健康知识传播的长期跟踪机制，定期对成员的健康知识掌握程度、健康行为改变等情况进行跟踪调查，以便及时发现问题并进行调整。这种长期的跟踪机制有助于社团持续了解健康知识传播的效果，不断优化传播策略与方式，提高健康知识传播的质量和效率。

（二）体育社团在健康行为养成中的作用

体育社团作为连接个人与社会的桥梁，不仅在健康知识传播方面发挥着重

要作用，更在健康行为养成中扮演着至关重要的角色。它们通过成员间的示范引领、社团活动的实践载体以及有效的激励机制，有力地促进了成员健康行为的养成，为构建健康社会、提高全民健康水平做出了积极贡献。以下将从健康行为的示范与引领、健康行为养成的激励机制两个方面，深入探讨体育社团在健康行为养成中的影响。

1. 健康行为的示范与引领

体育社团的成员来自各行各业，他们通过参与社团活动，不仅锻炼了身体，更树立了健康生活的榜样，引领着周围人群向更健康的生活方式迈进。

（1）社团成员通过自身行为示范，引领健康生活方式

体育社团的成员往往对运动充满热情，他们积极参与各类体育活动，不仅保持了良好的身体状态，更在生活方式上展现出了积极向上的态度。这种健康的生活方式，通过成员间的日常交流和互动，自然而然地传递给了周围的人。例如，一个热爱跑步的社团成员，他的坚持和毅力会激励其他成员也加入跑步的行列中来；一个注重饮食健康的成员，他的饮食习惯和营养搭配也会成为其他成员学习的对象。

社团成员的这种示范效应，不仅体现在个人行为的改变上，更在社团内部形成了一种健康向上的氛围。在这种氛围的熏陶下，会有越来越多的成员关注自己的健康，主动调整生活方式，养成良好的健康习惯。

（2）社团活动成为健康行为养成的重要载体

体育社团通过组织丰富多样的活动，为成员提供了实践健康行为、养成健康习惯的重要平台。这些活动不仅增强了成员的身体素质，更培养了他们的健康意识和行为。

例如，社团可以定期组织户外运动、健身挑战等活动，鼓励成员积极参与，通过运动来释放压力、增强体质。在这些活动中，成员们不仅可以享受到运动的乐趣，更能在实践中学习到如何科学运动、如何预防运动损伤等健康知识。这些实践经验，对于成员们养成健康的运动习惯具有至关重要的作用。

此外，社团还可以开展健康讲座、营养餐制作等活动，向成员传授健康饮食、心理健康等方面的知识。通过这些活动，成员们可以更加深入地了解健康行为的重要性，从而在日常生活中更加自觉地践行健康行为。

2. 健康行为养成的激励机制

为了更有效地促进成员健康行为的养成，体育社团需要建立有效的激励机制，通过设立奖励、加强合作等方式，激发成员的积极性和参与热情。

（1）设立健康行为奖励机制，鼓励社团成员积极参与

体育社团可以设立健康行为奖励机制，对在健康行为养成方面表现突出的成员给予表彰和奖励。这些奖励可以是物质奖励，如奖品、奖金等；也可以是精神奖励，如荣誉证书、表彰大会等。通过设立奖励机制，可以激发成员的积极性和参与度，让他们更加主动地践行健康行为。

例如，社团可以设立“健康之星”评选活动，每月评选出在健康饮食、运动锻炼、心理健康等方面表现突出的成员，并给予相应的奖励。这种评选活动不仅可以激励获奖成员继续保持健康行为，还能在社团内部形成一种良好的竞争氛围，推动更多成员积极参与到健康行为养成的行列中来。

（2）加强与学校的合作，共同推动健康行为养成

学校是健康教育的重要阵地，也是体育社团开展活动的重要合作伙伴。通过与学校加强合作，体育社团可以更加有效地推动健康行为的养成。

一方面，社团可以与学校共同开展健康教育活动，如健康讲座、健康知识竞赛等，向广大学生传授健康知识，培养他们的健康意识和行为。这些活动不仅可以丰富学校的健康教育内容，还能通过学生的参与和互动，增强健康教育的实效性和趣味性。

另一方面，社团可以与学校合作开展体育活动，如运动会、体育节等，为学生提供展示自己运动才能的平台。通过这些活动，不仅可以增强学生的身体素质和团队协作能力，还能在实践中培养他们的健康行为和习惯。同时，社团成员作为活动的组织者和参与者，其健康行为也会成为学生们的榜样和引领。

在与学校合作的过程中，体育社团还可以积极争取学校的支持和资源，如场地、器材、资金等，为社团活动的开展提供更加有力的保障。这种合作不仅有助于提高社团的影响力，还能更好地服务于学校的健康教育和学生成长。

第九章　体育文化与健康教育的挑战与对策

第一节　体制障碍：管理条块分割问题

一、体育文化与健康教育管理是条块分割现象的呈现

（一）管理部门职能交叉与空白并存

在体育文化和健康教育领域，多个部门都承担着管理职责。体育部门负责体育赛事的组织、体育设施的建设与管理以及体育产业的推动；卫生健康部门主导健康教育政策的制定、健康知识的普及和疾病防控工作；教育部门主管学校体育教育和健康教育课程的开展。然而，这种多部门管理的模式导致了职能上的交叉与空白。

以学校体育健康工作为例，体育部门期望学校培养高水平的体育后备人才，会要求学校组织各类体育竞赛，推动竞技体育在校园的发展。教育部门则更关注学生的全面发展，强调体育课程对学生身心健康的促进作用，要求体育教学与日常教育紧密结合。而卫生健康部门又从疾病预防和健康管理的角度，对学校的健康教育提出标准和要求。这使学校在开展体育健康工作时，需同时应对多个部门的不同任务和考核指标，工作负担加重，且各部门要求之间可能存在矛盾，让学校无所适从。

与此同时，一些领域却出现了管理空白。例如，新兴的运动休闲项目，如攀岩、滑翔伞等，由于其兼具体育和旅游的属性，体育部门和旅游部门在管理职责上划分不明确，导致对这些项目的监管缺失。在一些地方，相关场地设施的建设缺乏规范，安全保障措施不到位，参与者的人身安全存在隐患。

（二）资源分配缺乏协同机制

条块分割的管理体制使体育文化和健康教育资源在分配过程中缺乏有效的

协同机制。各部门在资源分配时，往往从自身利益和工作目标出发，忽视了整体的需求和效益。

在资金投入方面，体育部门将大量资金用于促进竞技体育的发展，建设高标准的体育场馆，培养优秀的运动员，以在各类赛事中取得优异成绩，提高地方体育影响力。而对于基层体育设施的建设和全民健身活动的开展，资金投入相对不足。卫生健康部门将主要资金用于医疗设施的建设和医疗服务的提高，对健康教育的投入相对有限。教育部门在学校体育教育方面，资金更多地流向了重点学校和传统体育项目，一些新兴体育项目和偏远地区学校的体育教育发展得不到足够的资金支持。

此外，在人力资源的分配上也存在类似问题。体育专业人才主要集中在体育部门和专业体育机构，学校和社区的体育师资力量相对薄弱。卫生健康领域的专业人才则大多分布在医疗机构，从事健康教育的专业人员数量不足，且素质参差不齐。

二、管理条块分割对体育文化与健康教育发展的负面影响

（一）阻碍全民健身计划的有效实施

全民健身计划旨在提高国民身体素质，促进体育文化的普及和发展。然而，管理条块分割严重阻碍了这一计划的有效实施。

由于各部门之间缺乏协调配合，全民健身设施的建设和管理存在诸多问题。一些社区的体育设施老化、损坏，长期得不到维修和更新，影响了居民的使用体验。同时，不同部门建设的体育设施在布局上缺乏统筹规划，存在重复建设和资源浪费的现象。例如，体育部门和街道办事处可能在同一区域分别建设了功能相似的体育活动中心，导致资源闲置。

此外，全民健身活动的组织和推广也受到影响。各部门各自为政，缺乏统一的宣传和组织机制，使一些全民健身活动的知晓度和参与度不高。居民在获取体育活动信息和参与渠道方面存在困难，限制了全民健身计划的深入推进。

（二）制约体育产业与健康产业的融合发展

体育产业和健康产业具有高度的关联性和互补性，两者的融合发展能够创

造巨大的经济和社会效益。但管理条块分割成了产业融合的重要障碍。

体育部门和卫生健康部门在政策制定和产业引导方面缺乏沟通协调，导致体育产业和健康产业在发展过程中各自为战。例如，在运动康复领域中，体育部门侧重于运动员的康复训练，而卫生健康部门则更关注疾病患者的康复治疗。由于两者之间缺乏有效的合作机制，运动康复市场的发展受到限制，专业的运动康复机构数量不足，服务质量参差不齐。

此外，体育产业和健康产业的融合需要跨部门的人才支持。但由于条块分割的管理体制，体育专业人才和健康专业人才之间的交流与合作较少，难以培养出既懂体育又懂健康的复合型人才，制约了产业融合的深度和广度。

（三）影响学校体育健康教育的质量提高

学校是体育文化和健康教育的重要阵地，但管理条块分割对学校体育健康教育的质量提高产生了不利影响。

在课程设置方面，体育课程和健康教育课程缺乏有机整合。体育课程侧重于对体育技能的传授，而健康教育课程则更多地关注对健康知识的讲解，两者之间缺乏有效的衔接和互动。学生在学习过程中，难以将体育锻炼与健康生活方式有机结合起来。

在教学资源的利用上，学校也面临着困境。由于体育部门、教育部门和卫生健康部门之间的资源共享机制不完善，学校难以获取丰富的教学资源。例如，学校在开展健康教育时，缺乏专业的卫生健康人员的指导；在组织体育活动时，难以借用体育部门的专业体育场馆和设备。

第二节　认知偏差：重技能轻文化现象

一、重技能轻文化现象在体育教育领域的体现

（一）学校体育课程设置与教学实施的偏向

在众多学校体育课程规划和教学执行过程中，技能训练往往占据主导地位。以中小学体育课程为例，大部分体育教师将课程重点放在运动项目技能的传授

上，如篮球的运球、投篮技巧，足球的传球、射门动作等。在课程表安排中，专门用于技能训练的课时占比极高，而涉及体育文化知识讲解、体育精神培养的课时却相对较少。

在实际教学中，教师多采用示范、练习的教学方式，反复让学生进行技能动作的机械训练。例如，在某中学的田径课程中，教师整个学期大部分时间都在指导学生进行短跑的起跑、加速、冲刺等技术动作训练，对于田径运动的起源、发展历程，以及背后蕴含的奥林匹克精神等知识，仅在课堂开始时简单提及。这种教学方式使学生在体育学习中，只知其然而不知其所以然，难以从体育学习中获得全面的素养提高。

不仅如此，学校组织的体育考核，也多以运动技能水平作为主要评价标准。体育成绩评定往往围绕学生对各项运动技能的掌握程度展开，如跳远的距离、跳绳的次数等。这种考核导向进一步强化了学生和教师对体育技能的重视，而忽视了对体育文化、体育精神等方面的培养。

（二）高校体育专业教育的技能倾向

在高校体育专业教育领域中，重技能轻文化的现象同样突出。在许多高校体育专业的课程体系中，运动技能类课程占据了较大比重。例如，某体育院校的体育教育专业，运动技能类课程学分占总学分的60%以上，而体育史、体育社会学、体育哲学等文化理论类课程学分占比相对较低。

在教学过程中，教师对运动技能教学的重视程度远超文化理论教学。以体操教学为例，教师会花费大量时间和精力指导学生进行体操动作的练习，纠正动作的规范性和美观性，而对于体操运动的文化内涵，如不同历史时期体操的演变、体操在不同国家和地区的发展特点等知识，讲解却不够深入。

此外，高校体育专业学生的实习和就业导向，也加剧了重技能轻文化的现象。大部分体育专业学生毕业后，选择从事体育教学、教练等工作，这些岗位对运动技能水平的要求较高。因此，学生在学习过程中，过于注重运动技能的提高，而忽视了体育文化知识的积累和文化素养的培养学习。

二、重技能轻文化现象在体育赛事组织与参与中的体现

（一）赛事组织方对赛事文化内涵挖掘不足

在体育赛事组织过程中，许多赛事组织方过于注重赛事的竞技性和商业性，而对赛事的文化内涵挖掘不足。以一些商业性体育赛事为例，组织方将大量精力和资源投入赛事的宣传推广、场地布置、商业赞助等方面，以吸引观众和获取商业利益。然而，对于赛事所承载的文化价值，如赛事的历史渊源、赛事所倡导的体育精神等，却缺乏深入的挖掘和传播。

例如，某城市举办的国际马拉松赛事，组织方在赛事宣传中，主要突出赛事的奖金设置、参赛明星选手等信息，而对于马拉松运动的起源、马拉松精神的内涵等文化知识，宣传力度较小。这使观众和参赛选手对马拉松赛事的理解仅停留在跑步比赛的层面，无法真正领略马拉松运动所蕴含的文化魅力。

此外，一些赛事组织方在赛事活动策划中，缺乏对体育文化元素的融入。赛事现场除了比赛本身外，还缺乏与体育文化相关的互动环节和展示内容，无法为观众和参赛选手提供丰富的体育文化体验。

（二）参赛选手和观众对体育文化的忽视

在体育赛事参与过程中，参赛选手和观众也存在重技能轻文化的现象。许多参赛选手将追求比赛成绩作为首要目标，过于关注运动技能的提高和比赛结果，而忽视了对体育文化的学习和理解。以某高校的篮球比赛为例，参赛选手在训练过程中，主要围绕篮球技术的训练和战术的演练展开，对于篮球运动的文化历史、篮球精神的内涵等知识了解甚少。在比赛中，部分选手为了追求胜利，甚至出现违反体育道德的行为，这与体育文化所倡导的公平、公正、团结、友谊的精神背道而驰。

同样，观众在观赛过程中，也较多关注比赛的胜负和运动员的精彩表现，而对体育文化的关注度较低。例如，在观看足球比赛时，观众往往更关注球队的比分和球员的进球，而对于足球运动的发展历史、不同球队的文化特色等知识缺乏了解。这导致观众无法从观赛中获得更深层次的体育文化体验，也不利于体育文化的传播和传承。

第三节　资源错配：城乡差异量化分析

在体育文化与健康教育领域中，资源的合理配置对于推动全民健康和体育事业的均衡发展至关重要。然而，当前我国城乡之间在体育与健康资源分配上存在显著的错配现象，这不仅影响了城乡居民享受体育与健康服务的公平性，也制约了体育文化与健康教育的整体推进。以下将通过多维度的数据与案例，对体育文化与健康教育领域中城乡资源错配现象展开深入的量化分析。

一、体育基础设施资源的城乡差异

体育基础设施是开展体育活动的物质基础，其数量与质量直接影响居民参与体育锻炼的积极性与便利性。城乡在体育基础设施资源上的差距大，以下从不同类型的体育场地设施进行剖析。

（一）公共体育场地数量差距

依据国家体育总局发布的相关统计数据，在人均体育场地面积方面，城市显著高于农村。以某省为例，2023 年该省城市人均体育场地面积达到 2.5 平方米，而农村人均体育场地面积仅为 1.2 平方米。在一些大型体育场馆的分布上，城乡差异更为显著。城市往往拥有多个标准化的体育馆、体育场，可承办各类大型体育赛事；而农村地区不仅缺乏大型体育场馆，连基本的健身广场的数量都不足。例如，在某城市的主城区，平均每 5 平方公里就有一个综合性体育馆，而在农村，平均每 50 平方公里才有一个简陋的健身广场。这种巨大的数量差距，极大地限制了农村居民参与多样化体育活动的机会。

（二）体育场地建设与维护资金投入差距

在体育场地的建设与维护方面，城乡之间的资金投入存在明显失衡。城市地区由于经济相对发达，政府财政收入较高，在体育场地建设与维护上的资金投入较为充足。以某一线城市为例，每年投入体育场地建设与维护的资金高达数亿元，不仅能够不断地新建现代化的体育场馆，还能对现有场馆进行定期维护与升级。相比之下，农村地区由于财政收入有限，体育场地建设与维护资金严重短缺。一些农村的健身广场因缺乏资金维护，器材损坏后无法及时修复，导致部分健身设施闲置荒废。据调查，农村地区每年在体育场地建设与维护上的人均资金投入仅为城市的1/10左右，这种资金投入的巨大差距，使农村体育场地设施的更新与完善面临重重困难。

(三) 体育场地类型结构差异

城市的体育场地类型丰富多样，涵盖了足球、篮球、网球、游泳等多个项目，满足了不同人群的多样化需求。同时，城市还拥有大量的室内体育场馆，不受天气等因素影响，居民可以随时进行体育锻炼。而农村地区的体育场地类型相对单一，以室外的篮球场和健身广场为主，缺乏专业性的体育场地。例如，在农村地区，几乎很难找到标准的网球场、游泳馆等体育设施，农村居民难以参与一些对场地要求较高的体育项目，限制了体育活动的丰富性。

二、体育人力资源的城乡差异

体育人力资源是推动体育事业发展的关键因素，包括体育教师、社会体育指导员、体育教练等专业人才。城乡在体育人力资源的数量、质量和分布上存在较大差异。

(一) 体育教师数量与质量差异

在学校体育教育方面，城乡体育教师的数量与质量差距明显。城市学校的体育教师配备相对充足，且学历和专业水平较高。以某大城市的中小学为例，平均每所学校拥有5~8名体育教师，其中本科及以上学历的体育教师占比超过80%。这些体育教师大多毕业于体育院校，专业技能扎实，能够为学生提供高质量的体育教学。而农村学校的体育教师数量严重不足，且学历和专业水平相对较低。部分农村学校甚至没有专职的体育教师，体育课程由其他学科教师兼任。据调查，农村学校平均每所学校仅有1~2名体育教师，其中本科及以上学历的体育教师占比不足30%。这种体育教师数量与质量的差距，直接影响了农村学校体育教育的质量，使农村学生难以接受系统、专业的体育教育。

(二) 社会体育指导员分布不均衡

社会体育指导员在指导居民科学健身、组织体育活动方面发挥着重要作用。

然而，城乡社会体育指导员的分布存在严重失衡。城市地区由于人口密集、体育活动丰富，社会体育指导员的数量相对较多。以某省会城市为例，每千名居民中拥有社会体育指导员 5 名左右。这些社会体育指导员能够为居民提供专业的健身指导，组织各类体育比赛和活动。而在农村地区，社会体育指导员数量稀少，平均每千名居民中仅有 1 名。这使得农村居民在进行体育锻炼时，缺乏专业的指导，容易因运动方法不当而导致受伤，也影响了农村体育活动的组织与开展。

（三）体育教练资源差距

在竞技体育领域中，体育教练资源的城乡差异也十分突出。城市拥有大量专业的体育教练，能够为青少年运动员提供系统的训练和指导。这些教练大多具有丰富的执教经验和较高的专业水平，能够培养出优秀的体育人才。而农村地区由于经济条件和发展环境的限制，缺乏专业的体育教练。许多农村青少年运动员因得不到专业的指导，天赋难以得到充分挖掘和培养。例如，某省在青少年足球锦标赛中，城市代表队的教练均为专业足球教练，而农村代表队的教练大多由体育教师兼任，这在一定程度上影响了农村青少年足球运动员的竞技水平。

三、健康教育资源的城乡差异

健康教育对于增强居民的健康意识、预防疾病具有重要意义。然而，城乡在健康教育资源的获取与利用上存在较大差距。

（一）健康教育机构与设施差距

城市地区拥有较为完善的健康教育机构和设施，如健康教育所、健康体检中心、社区卫生服务中心等。这些机构配备了专业的健康教育人员和先进的设备，能够为居民提供全面的健康教育服务。例如，城市的社区卫生服务中心会定期开展健康讲座、健康体检等活动，向居民普及健康知识。而农村地区的健康教育机构和设施相对薄弱，部分乡镇卫生院缺乏专门的健康教育科室和人员，健康体检设备也较为简陋。一些偏远农村地区甚至没有正规的健康教育机构，居民难以获取系统的健康教育服务。

（二）健康教育信息传播渠道差异

在健康教育信息传播方面，城乡之间存在明显的差距。城市居民可以通过电视、广播、网络、报纸等多种渠道获取丰富的健康教育信息。同时，城市还利用新媒体平台，开展形式多样的健康教育宣传活动，如健康科普短视频、在线健康咨询等。而农村地区由于网络覆盖不足、居民文化水平相对较低等原因，健康教育信息传播渠道相对单一。农村地区的健康教育宣传活动相对较少，且形式较为传统，难以吸引居民的关注。

（三）健康教育专业人才差距

城市拥有大量的健康教育专业人才，包括公共卫生医师、健康管理师、营养师等。这些专业人才能够为居民提供个性化的健康指导和服务。而农村地区健康教育专业人才匮乏，部分乡镇卫生院的医务人员缺乏系统的健康教育知识和技能培训，难以满足农村居民对健康教育的需求。据调查，城市每千名居民中拥有健康教育专业人才 2 名左右，而农村每千名居民中健康教育专业人才不足 0.5 名，这种人才差距极大地制约了农村健康教育工作的开展。

第四节　体育文化与高校健康教育的具体实践

一、高校体育课程与教学改革中的体育文化融入实践

（一）课程内容创新

1. 民族传统体育项目的挖掘与传承

民族传统体育项目是体育文化的重要瑰宝，蕴含着深厚的文化底蕴和独特的健身价值。高校应加大民族传统体育项目在体育课程中的比重，如武术、太极拳、舞龙舞狮等。以武术为例，开设武术套路、武术搏击、武术养生等系列课程，让学生了解武术的历史渊源、文化内涵和技术特点，掌握武术的基本技能和练习方法。通过学习民族传统体育项目，学生不仅能够锻炼身体，还能传承和弘扬中华优秀传统文化，增强民族自豪感和文化认同感。

2. 结合地方特色的体育课程开发

地方特色体育资源丰富多样，反映了不同地域的文化风貌和生活习俗。高校可以充分挖掘地方特色体育资源，开发具有地方特色的体育课程。例如，沿海地区的高校可以开设帆船、冲浪等水上运动课程；山区的高校可以开设登山、攀岩等户外运动课程。这些课程既能让学生接触到新鲜的体育项目，激发他们的学习兴趣，又能促进地方体育文化的传播和发展，培养学生对家乡的热爱之情。

3. 引入国际流行体育项目

随着全球化的发展，一些国际流行的体育项目如橄榄球、棒垒球、壁球等逐渐受到国内年轻人的喜爱。高校可以适当引入这些国际流行的体育项目，让学生了解国际体育文化，拓宽视野，培养国际化的体育视野和交流能力。同时，在教学过程中，可以结合项目的文化背景、规则特点和训练方法，引导学生进行跨文化交流和比较，提高学生的文化包容度和理解能力。

（二）教学方法创新

1. 情境教学法

创设与体育文化相关的教学情境，能让学生身临其境地感受体育文化的魅力。例如，在教授古代奥林匹克运动历史时，教师可以通过多媒体展示、角色扮演等方式，再现古代奥运会的场景，让学生了解古代奥运会的起源、发展和竞赛项目，感受古希腊人对体育的热爱和追求。在讲解现代体育赛事时，可以模拟比赛现场的加油助威、赛事解说等环节，让学生体验到体育竞赛的紧张与激情，增强学生对体育文化的理解和认同。

2. 故事教学法

体育历史上充满了无数感人至深的故事，这些故事蕴含着深刻的人生哲理和体育精神。教师可以收集体育明星的成长经历、体育赛事背后的励志故事等，将其融入教学中。例如，讲述牙买加短跑运动员博尔特的奋斗历程，从他小时候的艰苦训练到成为世界冠军的辉煌成就，让学生感受到坚持、努力和拼搏的重要性。通过故事教学法，激发学生的学习兴趣和情感共鸣，培养学生的体育精神和意志品质。

3. 小组合作学习法

组织学生进行小组合作学习，共同完成与体育文化相关的课题或任务。例如，让学生分组研究不同国家的体育文化特色，并制作成演示文稿或展板进行展示和交流。在小组合作学习过程中，学生需要相互协作、分工明确，共同收集资料、分析讨论、总结归纳，这不仅有助于培养学生的团队合作精神和沟通能力，还能让学生在相互交流中拓宽视野，深入了解体育文化的多样性。

二、校园体育文化建设的多元实践

（一）体育文化活动

1. 举办体育文化节

体育文化节是集中展示校园体育文化的重要平台。高校可以定期举办体育文化节，设置丰富多彩的活动内容，如田径运动会、篮球联赛、足球比赛、游泳比赛、健身操比赛、体育摄影展、体育征文比赛等。在体育文化节期间，还可以邀请体育明星、专家学者来校举办讲座和互动交流，让学生近距离认识体育明星和专家学者。通过举办体育文化节，营造浓厚的校园体育氛围，激发学生参与体育锻炼的积极性和主动性。

2. 开展体育主题讲座和培训

邀请体育界的专家、学者、运动员等来校开展体育主题讲座和培训活动，内容涵盖体育历史文化、体育科学知识、运动技能培训、体育保健等方面。例如，邀请奥运冠军讲述他们的夺冠经历和训练心得，激励学生树立远大的理想和目标；邀请体育医学专家讲解运动损伤的预防和处理方法，提高学生的健康意识和自我保护能力；开展篮球、足球、羽毛球等球类运动的专项培训，提高学生的运动技能水平。通过举办体育主题讲座和培训活动，丰富学生的体育知识，提高学生的体育素养。

3. 组织体育俱乐部活动

鼓励学生成立各类体育俱乐部，如足球俱乐部、篮球俱乐部、羽毛球俱乐部、瑜伽俱乐部、舞蹈俱乐部等。学校为体育俱乐部提供场地、器材和指导教师等方面的支持，引导学生根据自己的兴趣爱好选择参加相应的俱乐部。体育俱乐部可以定期组织训练、比赛、交流等活动，不仅能够提高学生的运动技能水平，还能培养学生的团队合作精神、组织协调能力和社交能力。

（二）校园体育精神文化塑造

1. 培育校园体育精神

校园体育精神是校园文化的重要组成部分，是学校精神面貌的集中体现。高校应注重培育具有本校特色的校园体育精神，如“团结拼搏、勇攀高峰”“健康第一、终身体育”等。通过校训、校歌、校徽等形式，将校园体育精神融入校园文化建设中，让学生在潜移默化中受到感染。同时，通过开展各种体育活动和竞赛，鼓励学生践行校园体育精神，培养学生的集体荣誉感和责任感。

2. 宣传体育名人故事

在校园内宣传体育名人的故事，传播体育正能量。可以在校园宣传栏、校报、校园广播、学校网站等媒体平台上开设体育名人专栏，介绍国内外著名体育运动员、教练员、体育专家学者的生平事迹、成长经历、运动成就和精神品质。例如，宣传“体操王子”李宁在体操赛场上的卓越表现和退役后创办体育品牌、投身公益事业的事迹；介绍中国女排在世界杯、奥运会等大赛中顽强拼搏、勇夺金牌的壮丽历程。通过宣传体育名人故事，激发学生的学习热情和奋斗精神，引导学生树立正确的世界观、人生观和价值观。

3. 建立体育荣誉激励机制

建立健全校园体育荣誉激励机制，对在体育比赛中取得优异成绩的学生和班级进行表彰和奖励。设立多种体育奖项，如“最佳运动员奖”“体育道德风尚奖”“团体总分奖”“体育进步奖”等，对获奖学生颁发荣誉证书、奖杯和奖品。同时，将学生的体育成绩纳入综合素质评价体系，作为评优评先、奖学金评定、升学推荐的重要依据之一。通过建立体育荣誉激励机制，鼓励学生积极参与体育锻炼和竞赛，提高学生的体育竞技水平和综合素质。

第十章 结论与展望

第一节 面临的挑战

一、体育文化与健康教育资源分配不均

(一) 城乡、区域间体育设施与健康教育资源差异

1. 城乡体育设施与健康教育资源的现状

(1) 城乡差距的具体表现

传统上，我国是一个以农业为主的国家，城乡差异一直是人们关注的问题之一，在体育教育及健康教育方面，城乡差异尤为明显。

体育设施方面：在城市中，体育设施相对完善，学校和社会都配备了较为齐全的体育器材和场馆，如足球场、篮球场、游泳馆、健身房等，为城市居民提供了多样化的体育锻炼选择。这些体育设施不仅满足了居民的健身需求，也为各类体育比赛和活动的举办提供了条件。而在农村地区，体育设施相对匮乏。许多农村学校连基本的体育器材都难以配备齐全，更不用说建设现代化的体育场馆了。农村地区的居民往往缺乏合适的运动场所，导致体育锻炼的机会较少。

健康教育资源方面：在城市中，健康教育资源相对丰富。学校不仅开设了专门的健康教育课程，还通过举办讲座、发放宣传资料等方式，向学生普及健康知识。此外，城市中的医疗机构和公共卫生部门也积极开展健康教育和健康促进活动，增强居民的健康意识和自我保健能力。而在农村地区，健康教育资源则相对匮乏。许多农村学校缺乏专业的健康教育教师和教材，健康教育课程往往流于形式。同时，农村地区的医疗机构和公共卫生部门在健康教育方面的投入也相对较少，导致农村居民的健康意识和自我保健能力相对较低。

（2）资源分配不均的原因

经济发展水平的差异：城市地区经济发达，政府和社会对体育和健康教育的投入较大；而农村地区经济发展相对滞后，政府和社会对体育和健康教育的投入较少。

政策导向的影响：长期以来，我国政府在教育资源配置上更倾向于城市地区，导致农村地区的教育资源相对匮乏。虽然近年来政府加大了对农村教育的投入力度，但城乡之间的教育差距仍然较大。

社会认知的偏差：在一些地区，特别是农村地区，人们对体育和健康教育的重视程度不够，认为这些活动只是消遣和娱乐，对身体健康的促进作用有限。这种认知偏差导致了体育和健康教育在农村地区的普及程度较低。

2. 区域间体育设施与健康教育资源的对比研究

（1）不同区域资源分布的特点

东部地区：东部地区经济发达，体育设施完善，健康教育资源丰富。许多城市都建有现代化的体育场馆和健身中心，频繁举办各类体育比赛和活动。同时，东部地区的学校和医疗机构在健康教育方面的投入也较大，健康教育课程和活动丰富多彩。

中部地区：中部地区经济相对落后，但近年来在体育和健康教育方面的发展势头强劲。一些城市开始加大对体育设施和健康教育的投入力度，建设了一批现代化的体育场馆和健身中心，并举办了多场有影响力的体育赛事。同时，中部地区的学校和医疗机构也在不断加强健康教育工作。

西部地区：西部地区经济相对滞后，体育设施和健康教育资源相对匮乏。许多地区的学校和医疗机构在健康教育方面的投入不足，健康教育课程和活动较少。同时，由于地理环境的限制和经济发展水平的制约，西部地区的体育设施建设也相对滞后。

（2）区域间差异对体育文化与健康教育的影响

对体育文化的影响：体育设施完善、健康教育资源丰富的地区，体育文化相对发达。这些地区的人们对体育运动的热爱程度较高，参与体育活动的积极性也较强。同时，这些地区的体育氛围也相对浓厚，各类体育赛事和活动频繁举办，为体育文化的传播和发展提供了良好的条件。而在体育设施匮乏、健康教育资源不足的地区，体育文化相对落后。这些地区的人们对体育运动的认知程度较低，参与体育活动的积极性也较弱。同时，由于缺乏必要的体育设施和活动场所，这些地区的体育文化难以得到有效的传播和发展。

对健康教育的影响：健康教育资源的丰富程度直接影响着人们的健康意识和自我保健能力。在健康教育资源丰富的地区，人们的健康意识较强，能够主动了解和学习健康知识，并采取有效的措施来维护自己的身体健康。同时，这些地区的医疗机构和公共卫生部门在健康教育方面的投入也较大，为居民提供了更加全面和专业的健康服务。而在健康教育资源不足的地区，人们的健康意识相对较弱，对健康知识的了解有限，自我保健能力也相对较差。这些地区的医疗机构和公共卫生部门在健康教育方面的投入也较少，导致居民的健康水平相对较低。

为了缩小城乡、区域间体育设施与健康教育资源的差距，政府和社会应该采取积极的措施。一方面，政府应该加大对农村和欠发达地区的投入力度，建设和完善体育设施和提供健康教育资源；另一方面，社会应该加强对体育和健康教育的宣传和推广，提高人们的认知程度和参与积极性。通过这些措施的实施，可以逐步缩小城乡、区域间体育设施与健康教育资源的差距，推动体育文化和健康教育的全面发展。

（二）不同群体间健康素养与体育参与度的差异

1. 不同年龄、性别、职业群体的健康素养现状

（1）健康素养的定义与评估标准

健康素养是指个人在保持身体健康的同时，具备科学、合理地认识和维护健康的能力。健康素养涵盖了个人获取和理解基本健康信息和服务，并运用这些信息和服务做出正确决策，以维护和促进自身健康的能力。健康素养是衡量健康素质的重要指标，直接影响到人的生命和生活质量，进而影响社会生产力的水平和整个经济社会的发展。

在我国，健康素养的评估主要从以下三个方面进行。

是否具有基本的健康知识和理念：这包括了解健康的基本定义、健康的生活方式、常见疾病的预防和控制等。

是否具有健康的生活方式与行为：包括合理膳食、适量运动、戒烟限酒、心理平衡等方面的行为表现。

是否具有维护和促进健康的基本技能：如测量脉搏和体温、看懂药品说明书、正确使用安全套等。

（2）各群体健康素养水平的对比分析

青少年：青少年处于身心发展的关键时期，他们的健康素养水平直接影响到国家和民族未来的健康状况。虽然青少年在学校和家庭中接受了一定的健康教育，但他们的健康素养水平不高。特别是在心理健康方面，青少年对抑郁障碍的识别率较低，容易将抑郁症状视为压力或生活问题，从而延误治疗。

中年人：中年人由于工作、家庭压力等原因，开始更加重视健康问题。他们通常会主动去了解健康知识，并根据自身情况进行健康管理。然而，部分中年人由于长期忽视健康问题，可能存在一些潜在的健康风险。

老年人：老年人由于身体机能的逐渐衰退，往往更加重视健康问题。他们的健康素养水平受到经济状况、学历水平等多种因素的影响。经济条件较好的老年人，通常能够获得更好的医疗资源和服务，健康素养水平相对较高。而经济条件较差的老年人，可能由于经济压力无力积极面对各种健康问题，健康素养水平相对较低。

男性：男性在健康素养方面往往表现出较高的自信，他们更倾向于选择体育运动作为一种娱乐方式，以及追求个人健康和体魄的手段。然而，部分男性在健康知识和行为方面也存在一些误区，如过度依赖药物、忽视心理健康等。

女性：女性在健康素养方面通常更加细腻和全面。她们更注重生活方式的调整，如合理膳食、适量运动等。然而，女性在某些方面的健康素养水平也可能受到社会文化因素的影响，如对于某些疾病的认知和处理方式可能并不一定准确。

职业群体：教师：教师的健康素养水平不仅影响到自身的健康状况，还直接影响到学生的健康教育和健康行为。然而，调查结果显示，中小学教师的心理健康素养水平有待提高，特别是抑郁识别率较低，难以识别出自己或学生的抑郁状态。

心理咨询工作者：作为从事心理健康工作的专业人员，心理咨询工作者的健康素养水平明显高于普通居民。然而，部分年轻或学历较低的心理咨询工作者在专业知识方面仍存在短板，需要进一步加强学习和培训。

其他职业：不同职业群体的健康素养水平受到工作环境、工作压力等多种因素的影响。例如，从事体力劳动的人群可能更注重身体锻炼和力量训练；而从事脑力劳动的人群可能更注重心理健康和放松方式的选择。

2. 体育参与度在不同群体中的差异分析

（1）体育参与度的衡量指标

体育参与度的衡量指标主要包括出勤情况、表现水平、积极参与度以及课后锻炼情况等方面。

出勤情况：计算个人在体育活动中的出勤次数，以评估其参与体育活动的频率。

表现水平：评估个人在体育活动中的技能掌握程度、合作态度、竞技精神等方面的表现。

积极参与度：记录个人在体育活动中的积极主动参与情况，如主动提问、积极互动等。

课后锻炼情况：考察个人是否积极参加体育锻炼和课外活动，如参加校队、社团等。

（2）影响各群体体育参与度的主要因素

青少年：青少年处于生长发育的关键时期，体育活动对于他们的身体健康和心理健康都具有重要作用。然而，由于学业压力、兴趣爱好等因素的影响，部分青少年可能缺乏参与体育活动的积极性和动力。

中年人：可能面临时间紧张、精力不足等问题，导致体育参与度相对较低。然而，随着健康意识的增强，越来越多的中年人开始注重体育锻炼，以维持身体健康。

老年人：老年人由于身体状况的限制，可能无法参与高强度的体育活动。然而，适量的体育活动对于老年人的身体健康和心理健康仍然具有重要意义。因此，老年人应该根据自己的身体状况选择适合自己的体育活动方式。

男性：男性通常更倾向于参与竞争激烈、强度较大的体育活动，如足球、篮球等。这种倾向可能与男性的生理特点和社会文化背景有关。

女性：女性通常更倾向于参与柔和、优雅的体育活动，如瑜伽、舞蹈等。

这种倾向可能与女性的生理特点和社会文化背景有关。然而，随着女性地位的提高和社会观念的转变，越来越多的女性开始参与各种形式的体育活动。

教师：教师作为教育工作者，其体育参与度不仅影响到自身的健康状况，还影响到学生的体育教育。因此，教师应该积极参与体育活动，以身作则，引导学生树立正确的体育观念。

学生：学生的体育参与度受到学业压力、兴趣爱好、学校体育设施等多种因素的影响。学校应该加强体育教育，提高学生的体育素养和兴趣，鼓励学生积极参与体育活动。

其他职业：不同职业群体的体育参与度受到工作环境、工作压力等因素的影响。例如，从事体力劳动的人群可能由于工作性质而缺乏参与体育活动的机会；而从事脑力劳动的人群可能更注重通过体育活动来放松身心。

经济因素：经济条件是影响各群体体育参与度的重要因素之一。经济条件较好的人群通常能够获得更好的体育设施和服务，更有可能参与体育活动。而经济条件较差的人群可能由于经济压力而忽视了体育活动的重要性。

文化因素：社会文化背景也对各群体的体育参与度产生影响。在一些地区或文化中，体育活动被视为重要的生活方式之一，人们普遍热爱并积极参与体育活动。而在另一些地区或文化中，体育活动可能被视为次要的或无关紧要的活动，人们的体育参与度相对较低。

二、体育文化与健康教育融合度不够

（一）体育课程与健康教育内容衔接不紧密

在探讨体育课程与健康教育内容的衔接问题时，我们首先需要明确两者各自的目标及其在实际教学中的难点与挑战。通过深入分析，我们可以更好地理解为何两者之间的衔接不紧密，并提出相应的改进措施。

1. 体育课程与健康教育的目标差异分析

（1）体育课程的主要目标

体育课程的主要目标是通过体育锻炼来增强学生的体质，培养他们的运动技能和团队协作能力，同时提高他们的身体素质和心理素质。具体而言，体育课程有以下目标。

增强体质：通过参与各种体育活动，如跑步、游泳、篮球等，增强学生的肌肉力量、耐力、协调性和灵活性。

培养运动技能：教授学生正确的运动姿势和技巧，帮助他们掌握各种运动项目的规则和玩法。

提高团队协作能力：通过团队比赛和合作项目，培养学生的合作精神、沟通能力和团队协作能力。

提高心理素质：通过体育锻炼，增强学生的自信心、意志力和抗压能力，帮助他们更好地应对学习和生活中的挑战。

（2）健康教育的主要目标

健康教育的主要目标是传播健康知识，引导学生养成健康的生活方式，预防疾病，提高生活质量。具体而言，健康教育有以下目标。

传播健康知识：教授学生关于饮食、睡眠、心理等方面的健康知识，帮助他们建立正确的健康观念。

培养健康行为：通过健康教育，引导学生养成良好的饮食习惯、作息规律和运动习惯，减少不良行为对健康的危害。

预防疾病：通过讲解疾病的传播途径、预防措施和治疗方法，增强学生的疾病防控意识，降低疾病发生率。帮助学生认识到健康对于生活质量的重要性，鼓励他们积极追求健康的生活方式。

2. 体育课程与健康教育内容整合的难点与挑战

尽管体育课程和健康教育在目标上存在一定的互补性，但在实际教学中，两者的内容整合却面临着诸多难点和挑战。

（1）内容整合的技术难度

知识点交叉与重叠：体育课程和健康教育在某些知识点上存在交叉和重叠，如运动与健康的关系、营养与运动等。如何在整合过程中避免重复讲解，并且确保学生全面掌握相关知识，是一个技术难题。

教学顺序与节奏：体育课程和健康教育的教学顺序和节奏存在差异。体育课程更注重实践操作和技能训练，而健康教育更注重对理论知识的讲解和健康行为的引导。如何在整合过程中协调两者的教学顺序和节奏，确保学生能够循序渐进地掌握知识和技能，也是一个需要解决的问题。

评估与反馈机制：在整合体育课程和健康教育内容时，需要建立有效的评估与反馈机制，以监测学生的学习效果并及时调整教学策略。然而，由于两者在评估标准和反馈方式上存在差异，建立这样的机制存在一定的难度。

（2）教育理念与教学方法的冲突

教育理念差异：体育课程和健康教育在教育理念上存在差异。体育课程更注重学生的身体素质和运动技能的培养，而健康教育更注重对学生的健康知识和健康行为的引导。这种差异导致在整合两者内容时，容易出现教育理念上的冲突和矛盾。

教学方法不匹配：体育课程和健康教育在教学方法上也存在差异。体育课程通常采用实践操作和技能训练的方法，而健康教育更注重对理论知识的讲解和案例分析。在整合两者内容时，如何找到适合两者特点的教学方法，使学生能够在实践中掌握健康知识并形成良好的健康行为，是一个需要解决的问题。

加强教师培训与支持：加大对教师的培训和支持力度，提高他们的跨学科知识和技能水平。通过组织培训、研讨会等活动，促进教师之间的交流与合作，共同推动体育课程与健康教育内容的整合与发展。

建立评估与反馈机制：建立有效的评估与反馈机制，对学生的学习效果进行定期监测和评估。根据评估结果及时调整教学策略和方法，以确保学生能够全面掌握体育课程和健康教育的内容并形成良好的健康行为。

（二）体育赛事与健康宣传活动缺乏协同性

体育赛事与健康宣传活动作为推动全民健康、提高体育文化水平的重要手段，各自具有独特的影响力和作用。然而，当前这两类活动在举办和实施过程中往往缺乏足够的协同性，这不仅限制了它们各自效果的充分发挥，也影响了体育文化与健康教育在更广泛社会层面的推广。以下是对体育赛事与健康宣传活动现状的分析，以及它们之间协同性缺失的具体表现和影响。

1. 体育赛事与健康宣传活动的现状分析

（1）体育赛事的举办情况与影响力

体育赛事作为体育文化的集中展现，近年来在全球范围内得到了快速发展。

从奥运会、世界杯等国际顶级赛事，到各类国内联赛、锦标赛，体育赛事不仅吸引了大量观众的关注，也带动了相关产业的发展。体育赛事的举办不仅提高了城市的知名度和影响力，还促进了体育精神的传播和体育文化的普及。

体育赛事的影响力主要体现在以下几个方面。

经济效应：体育赛事的举办能够带动当地经济的发展，包括旅游、餐饮、住宿等多个行业。同时，赛事的赞助和广告收入也为体育赛事的持续举办提供了资金支持。

社会效应：体育赛事能够激发人们的体育热情，增强团队精神和集体荣誉感。此外，体育赛事的举办还能够提高城市形象，增强市民的归属感和自豪感。

文化效应：体育赛事是体育文化传播的重要载体，体育赛事的举办，可以展示不同国家和地区的体育文化特色，促进文化交流与融合。

然而，尽管体育赛事的影响力日益增强，但在健康宣传方面的作用却相对有限。许多赛事组织者往往过于关注比赛的竞技性和观赏性，而忽视了体育赛事在健康教育方面的潜力。

（2）健康宣传活动的形式与内容

健康宣传活动作为提高公众健康意识、推广健康生活方式的重要手段，近年来也得到了广泛关注和发展。健康宣传活动的形式多种多样，包括讲座、展览、义诊、健康咨询等，内容则涵盖了营养、运动、心理健康等多个方面。

健康宣传活动的特点主要体现在以下几个方面。

针对性强：健康宣传活动通常针对特定的健康问题或人群进行宣传和教育，如针对青少年的心理健康教育、针对老年人的慢性病防治等。

互动性好：许多健康宣传活动通过互动环节和体验活动，让公众在参与中学习和了解健康知识，提高了宣传效果。

覆盖面广：健康宣传活动不仅可以在社区、学校等基层单位开展，还可以通过电视、广播、网络等媒体进行广泛传播，扩大了受众范围。

然而，尽管健康宣传活动在提高公众健康意识方面取得了显著成效，但与体育赛事的结合却相对不足。许多健康宣传活动往往独立于体育赛事之外进行，缺乏与体育赛事的协同和互动。

2. 体育赛事与健康宣传活动协同性的缺失与影响

（1）协同性缺失的具体表现

体育赛事与健康宣传活动协同性的缺失主要表现在以下几个方面。

宣传内容缺乏整合：体育赛事和健康宣传活动在宣传内容上往往各自为政，缺乏整合和互补。体育赛事主要关注比赛的竞技性和观赏性，而健康宣传活动则侧重于健康知识的普及和教育。两者在宣传内容上缺乏交集和互动，导致宣传效果受限。

活动形式缺乏创新：体育赛事和健康宣传活动在形式上往往缺乏创新，缺乏吸引力和趣味性。许多赛事组织者采用传统的宣传方式，如海报、广告等，而忽视了新媒体和社交媒体在宣传中的作用。同时，健康宣传活动也采用讲座、展览等传统形式，缺乏与体育赛事相结合的创意和亮点。

资源整合不足：体育赛事和健康宣传活动在资源整合方面存在不足。许多赛事组织者和健康宣传机构往往各自为政，缺乏合作和资源共享。这导致双方在资金、场地、人员等方面的资源利用不够充分，限制了活动规模和影响力的扩大。

受众参与度不高：由于体育赛事和健康宣传活动在宣传内容、形式和资源整合方面的不足，导致受众参与度不高。许多公众对体育赛事和健康宣传活动的兴趣有限，缺乏参与的热情和动力。这进一步限制了两者在推广体育文化和健康教育方面的作用。

（2）对体育文化与健康教育推广的影响

体育赛事与健康宣传活动协同性的缺失对体育文化与健康教育推广产生了以下影响。

限制了体育文化的传播：体育赛事作为体育文化传播的重要载体，其影响力受到健康宣传活动协同性缺失的限制。缺乏与健康宣传活动的结合，体育赛事在传播体育文化方面的作用受到限制，难以形成广泛的社会影响。

影响了健康教育的普及：健康宣传活动作为提高公众健康意识的重要手段，其效果也受到体育赛事协同性缺失的影响。缺乏与体育赛事的结合，健康宣传活动在普及健康教育方面的知识传递受到限制，难以达到预期的宣传效果。

制约了体育与健康产业的融合发展：体育赛事与健康宣传活动的协同性缺

失也制约了体育与健康产业的融合发展。随着人们健康意识的增强和体育消费的升级，体育与健康产业的融合发展已成为必然趋势。然而，由于两者在宣传内容、形式和资源整合方面的不足，导致这一融合发展受到制约，难以形成产业协同和互补效应。

为了改善体育赛事与健康宣传活动协同性缺失的问题，我们可以采取以下几个措施。

加强宣传内容的整合：体育赛事和健康宣传活动在宣传内容上应加强整合和互补，形成宣传合力。可以通过共同策划宣传主题、设计宣传方案等方式，将体育赛事的竞技性和观赏性与健康宣传活动的教育性和实用性相结合，强化宣传效果。

创新活动形式：体育赛事和健康宣传活动在形式上应注重创新和多样性，提高活动的吸引力和趣味性。可以借鉴新媒体和社交媒体在宣传中的作用，利用短视频、直播等形式进行宣传和推广；也可以结合体育赛事的特点和健康宣传的主题，设计创意活动和互动环节，吸引公众的参与和关注。

加强资源整合与合作：在资源整合方面，体育赛事和健康宣传活动应加强合作和共享，充分利用双方的资源和优势。可以通过建立合作关系、共享资源等方式，实现资金、场地、人员等方面的资源整合和优化配置，扩大活动的规模和影响力。

提高受众参与度：为了提高受众参与度，体育赛事和健康宣传活动应注重与公众的互动和交流。可以通过问卷调查、线上互动等方式了解公众的需求和兴趣点；同时，也可以设计互动环节和体验活动，让公众在参与中学习和了解体育文化和健康知识，强化宣传效果。

第二节　应对策略

一、优化资源配置，促进均衡发展

（一）加大体育设施与健康教育资源投入的策略与实践

在当今社会，随着人们生活水平的提高和健康意识的增强，体育设施与健康教育的重要性日益凸显。它们不仅是提高国民身体素质、促进全民健康的关键要素，也是推动社会进步、实现可持续发展目标的重要支撑。因此，加大体育设施与健康教育资源的投入，成为各级政府和社会各界关注的重点。以下将从制订科学的投入计划、加强投入的监督与评估两个方面，详细探讨如何有效推进这一进程。

1. 制订科学的投入计划

制订科学的投入计划是确保体育设施与健康教育资源有效配置的前提。这一计划的实施应基于对当前需求的准确分析，对未来趋势的合理预测，以及资源的有效整合。

（1）确定投入的重点领域与方向

体育设施建设：应优先考虑学校、社区、公园等公共场所的体育设施建设，如篮球场、足球场、羽毛球场、健身房等，以满足不同年龄段、不同兴趣爱好的人群需求。同时，注重体育设施的多样性和包容性，确保残疾人等特殊群体也能享受到体育运动的乐趣。

健康教育资源：加大对健康教育课程、教材、师资力量的投入，特别是在中小学阶段，将健康教育纳入必修课程，培养学生的健康意识和自我保健能力。此外，还应加强健康教育资源的数字化建设，利用互联网、移动设备等新媒体平台，提供丰富多样的健康教育内容和服务。

体育与健康相融合：鼓励和支持体育与健康的深度融合，如开展体育与健康知识讲座、运动处方服务、健康监测与评估等，形成体育促进健康、健康引领体育的良性循环。

（2）合理安排投入的资金与资源

资金筹措：通过政府财政拨款、社会资本引入、公益捐赠等渠道筹集资金，确保体育设施与健康教育资源投入的持续性和稳定性。政府应发挥主导作用，制定优惠政策，吸引社会资本参与体育设施和健康教育的建设与发展。

资源配置：根据各地区经济发展水平、人口结构、健康需求等因素，合理配置体育设施与健康教育资源。对于经济欠发达地区，应给予更多的政策支持和资金倾斜，缩小城乡、区域间的差距。

效益评估：在投入资金与资源前，应对项目的预期效益进行充分评估，包括经济效益、社会效益和生态效益等，确保投入的科学性和合理性。

2. 加强投入的监督与评估

制订科学的投入计划只是第一步，要确保这些计划得到有效执行，还需要建立完善的监督机制和评估体系。

（1）建立完善的监督机制

政府监管：政府应成立专门的监管机构，负责体育设施与健康教育资源投入的监管工作，确保资金和资源的使用合法合规、高效透明。

社会监督：鼓励社会各界参与监督，如通过媒体曝光、公众举报等方式，揭露和纠正投入过程中的违法违规行为。建立信息公开制度，定期公布投入项目的进展情况和资金使用情况，接受社会公众的监督。

第三方审计：引入第三方审计机构，对投入项目的资金使用、建设质量、运营效果等进行全面审计，确保投入的真实性和有效性。

（2）定期进行投入效果的评估

短期评估：在项目投入初期，应定期进行短期评估，了解项目的进展情况、存在的问题和困难，及时调整投入策略。

中期评估：在项目投入中期，进行中期评估，评估项目的实施效果、资金和资源的使用效率，以及是否达到预期目标。根据评估结果，对投入计划进行必要的调整和优化。

长期评估：在项目投入完成后，进行长期评估，全面评估项目的社会效益、经济效益和生态效益，以及是否对提高国民身体素质、促进全民健康产生了积极影响。长期评估的结果应作为未来投入计划制订的重要依据。

反馈机制：建立有效的反馈机制，及时收集和分析社会各界对体育设施与健康教育资源投入的意见和建议，不断改进和优化投入策略。并且，将评估结果作为政府绩效考核的重要内容，激励和约束政府部门在投入过程中的行为。

（二）推动城乡、区域间体育与健康教育资源共享

在构建健康中国、促进全民健身和体育事业均衡发展的背景下，推动城乡、区域间体育与健康教育资源共享显得尤为重要。这不仅有助于缩小城乡、区域间的教育差距，还能促进资源的优化配置和高效利用，满足广大人民群众日益

增长的体育与健康需求。以下将从建立资源共享的机制与平台、加强城乡、区域间的合作与交流两个方面进行深入探讨。

1. 建立资源共享的机制与平台

（1）明确资源共享的目标与原则

推动城乡、区域间体育与健康教育资源共享的首要任务是明确资源共享的目标与原则。资源共享的目标在于提高体育与健康教育的整体质量，促进教育公平，缩小城乡、区域间的差距。同时，应遵循以下几个原则。

公平性原则：确保所有地区、所有群体都能平等地享受到优质的体育与健康教育资源。

互补性原则：充分利用城乡、区域间的资源差异，实现优势互补，形成资源共享的良性循环。

可持续性原则：注重资源共享的长效机制建设，确保资源能够持续、稳定地服务于广大民众。

开放性原则：鼓励社会各界参与资源共享，形成政府主导、社会参与、市场运作的多元化共享格局。

（2）搭建资源共享的信息与技术平台

为了实现资源共享的目标，需要搭建一个高效、便捷的信息与技术平台。这一平台应具备以下几个功能。

资源整合：将城乡、区域间的体育与健康教育资源进行统一整合，形成资源池，便于用户查询和使用。

信息共享：通过信息平台，实现教育政策、教学资料、活动信息等内容的实时共享，提高信息的透明度和利用率。

技术支持：利用云计算、大数据、人工智能等先进技术，如在线教学、远程辅导、智能评估等，为资源共享提供强有力的技术支持。

互动交流：搭建用户交流平台，促进城乡、区域间的教育工作者、学生及家长之间的交流与合作，共同推动体育与健康教育事业的发展。

2. 加强城乡、区域间的合作与交流

（1）促进城乡、区域间的优势互补

城乡、区域间在体育与健康教育资源方面存在差异，但各具特色。通过加强合作与交流，可以实现优势互补，共同提高教育质量。例如，城市地区可以依托其丰富的教育资源、先进的设施和优秀的师资力量，为农村地区提供远程教学、教师培训、教学指导等方面的支持；农村地区可以依托其独特的自然环境、乡土文化和体育活动资源，为城市地区提供户外教学、体验教育等方面的服务。这种优势互补的合作模式有助于打破地域限制，实现资源的优化配置和高效利用。

（2）加强合作与交流，提高资源利用效率

为了进一步提高资源利用效率，需要加强城乡、区域间的合作与交流。具体而言，可以采取以下几个措施。

建立合作机制：政府应出台相关政策，鼓励和支持城乡、区域间的教育机构、社会组织、企业等建立合作关系，共同推动资源共享和协同发展。

开展联合活动：定期举办城乡、区域间的体育与健康教育活动，如运动会、健康讲座、教学研讨会等，增进彼此的了解和信任，促进资源的共享和利用。

实施项目合作：针对特定领域或问题，如农村学校体育设施改造、城市学校心理健康教育等，通过实施项目合作推动资源共享和问题解决。

促进人才流动：鼓励城乡、区域间的教育工作者进行交流和挂职锻炼，通过人才流动实现经验和知识的共享，提高整体教育质量。

此外，还可以通过建立资源共享的评价机制，对资源共享的效果进行定期评估，及时发现并解决存在的问题，确保资源共享工作能够持续、稳定地推进。应注重培养一支具备专业素养和共享意识的体育与健康教育师资队伍，因为他们是推动资源共享的重要力量。

二、深化融合创新，提高教育效果

（一）加强体育课程与健康教育的融合创新

在当今社会，随着人们健康意识的不断提高，体育课程与健康教育的融合创新已成为教育领域的重要议题。这一融合不仅有助于培养学生的健康意识和运动习惯，还能促进其身心的全面发展。以下将从探索体育课程与健康教育的融合模式、创新体育课程与健康教育的教学方法与手段两个方面，详细探讨如何加强二者的融合创新。

1. 探索体育课程与健康教育的融合模式

（1）融合模式的构建思路

理念先行，目标一致：体育课程与健康教育的融合，首先需要在理念上达成一致，即都以提高学生的健康水平为目标。这要求在课程设计、教学方法、评价体系等方面，都要围绕这一核心目标进行。

内容整合，优势互补：体育课程注重对身体锻炼和运动技能的培养，而健康教育则侧重于对健康知识的传授和健康行为的养成。二者的融合，应实现内容的整合，让体育课程不仅仅是运动技能的训练，也包含对健康知识的普及；健康教育也不仅仅是理论知识的传授，而应结合体育运动进行实践。

形式多样，因材施教：学生的体质、兴趣、健康需求各不相同，因此，体育课程与健康教育的融合模式应多样化，以适应不同学生的需求。可以通过必修课、选修课、兴趣小组、社团活动等形式，为学生提供丰富的选择。

评价全面，注重过程：融合模式的评价应全面、客观，既要关注学生对运动技能和健康知识的掌握程度，也要重视其健康行为的养成和健康习惯的培养。评价应注重过程，关注学生在体育课程和健康教育过程中的表现和努力。

（2）融合模式的实践案例

“运动+健康”教学模式：某中学在体育课程中融入健康教育内容，如在进行篮球训练时，讲解运动前热身、运动后拉伸的重要性，以及如何在运动中避免受伤等健康知识。同时，健康教育课程也结合体育活动进行，如通过组织学生进行户外徒步、登山等活动，让学生在实践中学习健康知识，培养健康行为。

“健康挑战赛”活动：某高校举办“健康挑战赛”，将体育课程与健康教育相结合，设计了一系列挑战项目，如每日万步走、健康饮食打卡、心理健康讲座等。学生可以根据自己的兴趣和健康需求选择参与，通过完成挑战获得积分，最终评选出优胜者。这种活动不仅激发了学生的参与热情，也促进了其健康意识和健康行为的养成。

2. 创新体育课程与健康教育的教学方法与手段

（1）教学方法与手段的多样化

情境教学：通过模拟真实的运动场景或健康情境，让学生在情境中学习、体验和实践。如在进行急救知识的教学时，可以模拟运动受伤的情境，让学生学习如何进行急救处理。

项目式学习：围绕某个健康主题或运动项目，引导学生进行深入研究和实践。如让学生自主选择一项运动项目进行深入研究，了解其历史背景、运动规则、健康益处等，设计并实施一项与该运动项目相关的健康宣传或推广活动。

数字化教学：利用信息技术手段，如虚拟现实（VR）、增强现实（AR）等，为学生提供更加丰富、生动的学习体验。如通过VR技术模拟运动场景，让学生在虚拟环境中进行运动训练和健康知识的学习。

（2）教学方法与手段的针对性与实效性

个性化教学：根据学生的体质、兴趣、健康需求等因素，为其提供个性化的教学方案。如为肥胖学生设计专门的减肥运动计划，为心理压力大的学生提供心理健康辅导和放松训练。

实践教学：注重理论与实践的结合，通过实践教学让学生将所学知识转化为实际行动。如组织学生进行户外拓展训练、社区健康服务等活动，让学生在实践中学习健康知识，培养健康行为。

反馈与调整：在教学过程中，及时收集学生的反馈意见，了解教学效果和存在的问题，并根据反馈意见进行教学方法和手段的调整和优化。如通过问卷调查、小组讨论等方式，收集学生对体育课程和健康教育的意见和建议，以便更好地满足学生的需求。

（二）推动体育赛事与健康宣传活动的协同开展

在健康中国战略和全民健身国家战略的指引下，体育赛事与健康宣传活动的协同开展成为提高国民健康意识、促进体育事业发展的重要途径。体育赛事不仅能够激发人们的运动热情，还能在竞技中传递健康生活方式；而健康宣传活动则能够向公民普及健康知识，引导民众形成科学的健康观念。两者协同开展，能够形成强大的健康促进合力，为构建健康社会贡献力量。以下将从体育赛事与健康宣传活动的协同机制、加强体育赛事与健康宣传活动的互动与融合两个方面进行深入探讨。

1. 建立体育赛事与健康宣传活动的协同机制

（1）明确协同的目标与任务

推动体育赛事与健康宣传活动的协同开展，首要任务是明确协同的目标与任务。协同目标在于提高国民健康素养、促进体育与健康产业的融合发展，以及推动健康中国战略的深入实施。具体任务包括以下几项。

提高健康意识：通过体育赛事的举办和健康宣传活动的开展，提高民众的健康意识，倡导健康生活方式。

普及健康知识：利用体育赛事的平台效应，结合健康宣传活动，普及健康知识，提高民众的健康素养。

促进产业融合：推动体育赛事与健康产业的深度融合，形成健康产业链，促进体育与健康事业的协同发展。

打造健康品牌：通过协同开展体育赛事与健康宣传活动，打造具有影响力的健康品牌，提高城市的健康形象。

（2）制订协同的计划与方案

为实现协同目标，需要制订详细、可行的计划与方案。

活动规划：根据地域、人群、季节等因素，合理规划体育赛事与健康宣传活动的主题、时间、地点等，确保活动能够覆盖更广泛的受众。

资源整合：整合政府、企业、社会组织等多方面的资源，形成合力，共同推动体育赛事与健康宣传活动的协同开展。

宣传推广：利用多种渠道进行宣传推广，提高活动的知名度和影响力，吸引更多民众参与。

效果评估：建立科学的评估体系，对体育赛事与健康宣传活动的协同效果进行定期评估，及时发现并解决问题，确保活动能够持续、有效地推进。

2. 加强体育赛事与健康宣传活动的互动与融合

（1）互动与融合的具体形式

为推动体育赛事与健康宣传活动的互动与融合，具体可以采取以下形式。

健康主题赛事：在体育赛事中融入健康主题，如举办健康跑、健身操比赛等，既能够激发人们的运动热情，又能够传递健康生活方式。

健康宣传展位：在体育赛事现场设置健康宣传展位，提供健康咨询、健康监测等服务，向参赛者和观众普及健康知识。

健康讲座与工作坊：结合体育赛事的举办，邀请健康专家进行健康讲座和工作坊，引导民众形成科学的健康观念。

健康挑战赛：利用社交媒体等平台，发起健康挑战赛，鼓励民众积极参与体育锻炼，分享健康成果，形成健康生活的社会风尚。

（2）互动与融合的效果评估与反馈

为确保体育赛事与健康宣传活动的互动与融合能够取得预期效果，需要建立科学的评估体系，对活动效果进行定期评估与反馈。评估内容应包括以下几个方面。

参与度：评估活动的参与度，包括参赛人数、观众人数、社交媒体互动量等，以了解活动的吸引力和影响力。

知识普及率：通过问卷调查、健康知识测试等方式，评估健康知识的普及率，以了解活动对民众健康素养的提高效果。

健康行为改变：通过跟踪调查，评估活动对民众健康行为改变的影响，如运动频率、饮食习惯等，以了解活动的长期效果。

满意度：通过问卷调查等方式，收集参赛者、观众、合作伙伴等多方面的反馈意见，了解活动的满意度和改进空间。

在评估的基础上，应形成详细的评估报告，对活动效果进行客观、全面的分析。并且，应根据评估结果，及时调整和优化活动计划，确保体育赛事与健康宣传活动的互动与融合能够持续、有效地推进。

此外，为推动体育赛事与健康宣传活动的协同发展，还应加强政府、企业、社会组织等多方面的合作与交流，形成合力。政府应出台相关政策，鼓励和支持体育赛事与健康宣传活动的协同开展；企业应积极投身其中，提供资金、技术等方面的支持；社会组织应发挥桥梁和纽带作用，促进各方资源的整合与共享。

参考文献

[1] 陈华卫．全球视野下体育文化的社会治理功能研究［J］．体育科学，2024（3）：12-18.
[2] 王湘苏．体育产业经济价值的量化模型构建［J］．体育经济学刊，2023（8）：45-51.
[3] 傅添．中国传统体育文化的当代转型路径［J］．文化研究，2025（1）：89-95.
[4] 张弓婷．社区体育文化对居民健康促进的实证研究［J］．社会医学，2024（6）：33-39.
[5] 杨春雷．企业体育文化对员工心理健康的影响［J］．人力资源管理，2023（11）：102-108.
[6] 徐景达．健康促进理论在高校体育课程中的应用［J］．中国学校卫生，2022（5）：67-72.
[7] 潘建芬．行为改变理论指导下的青少年健康教育模式［J］．预防医学，2024（4）：55-60.
[8] 郑家莹．美国中小学健康教育课程体系比较研究［J］．比较教育研究，2023（9）：88-94.
[9] 齐华勇．健康素养视角下的学校健康教育改革［J］．教育发展研究，2024（7）：112-117.
[10] 孙秀宁．心理健康教育在体育教学中的渗透路径［J］．心理科学进展，2025（2）：29-35.
[11] 石毅．体育赛事与健康宣传的协同效应分析［J］．传媒与健康，2023（12）：44-49.
[12] 高敬东．城乡健康教育资源差异的量化研究［J］．中国公共卫生，

2024（10）：76-82.
[13] 曹燕玲. 体育社团在高校健康教育中的实践模式［J］. 高等教育研究，2022（6）：101-107.
[14] 郭向晖. 体育课程与健康知识整合的挑战与对策［J］. 课程与教学，2025（3）：33-38.
[15] 张洪. 衡水市高校体育与心理健康教育的实证研究［J］. 体育科研，2023（4）：21-27.
[16] 陶永平. 重庆市中学体育健康教育课程改革效果评估［J］. 教育评估，2024（8）：65-70.
[17] 赵丹妮. 英国社区体育文化培育策略及其启示［J］. 国际体育交流，2022（11）：89-94.
[18] 李婷婷. 体育教育中"重技能轻文化"现象的批判性分析［J］. 体育文化导刊，2024（9）：45-50.
[19] 罗睿. 体育健康政策执行中的体制障碍研究［J］. 公共管理学报，2023（7）：112-118.
[20] 沈其锋. 中小学体育健康教育课程标准化建设［J］. 基础教育研究，2025（5）：78-83.
[21] 教育部体育卫生与艺术教育司. 新时代学校体育改革实施方案，北京：高等教育出版社，2022：45-50.
[22] 苏立新. 体育精神赋能大学生心理韧性的实验研究［J］. 心理发展与教育，2024（6）：120-126.
[23] 贾林斌. 数字化转型下的体育健康教育模式创新［J］. 远程教育杂志，2025（1）：55-60.

作者简介

于巧，1990年12月生，研究生学历，讲师，现任职山东农业大学体育学院，主要研究体育教学，拥有体育教育学与农业经济与区域发展双硕士学位，擅长运用跨学科视角分析问题。读研期间参与“乡村振兴战略下的农村体育资源配置”课题，发表期刊论文3篇。作为健美操国家二级运动员，持续17年保持竞技状态，成为全国啦啦操一级裁判员后，建立了“运动员—教练员—裁判员”三位一体的专业认知体系。